湖北省博物馆
第一次全国可移动文物普查
成果与发现

湖北省博物馆 编著

科学出版社
北　京

内 容 简 介

2012年10月正式启动的第一次全国可移动文物普查，是中华人民共和国成立以来在我国文化遗产领域开展的重大国情国力调查项目，涉及单位众多，覆盖面广，持续时间长，工程浩大，具有里程碑式的意义。作为荆楚地区规模最大、收藏最丰富的地方综合性博物馆，湖北省博物馆历时数年努力，高效率、高质量地完成了普查任务。为了与社会共享普查成果，让广大群众从中受益，在此基础上，我馆倾力编著《湖北省博物馆第一次全国可移动文物普查成果与发现》。本书分为以下几部分：一是简述普查概况；二是重点落脚于摸清家底，详述和分析出土文物、传世文物中各部分文物的数量、级别、来源、构成等底细；三是普查文物选粹，挑选部分精品和早年入馆旧藏中不仅不为外人所知就连我馆人员也难得一见的稀见文物，借此机会予以披露展示，以飨读者；四是发现提炼一批值得研究的课题项目，深入挖掘价值和意义。

本书适合文博工作者、艺术工作者、高校相关专业师生、文物爱好者和收藏者等参考、阅读。

图书在版编目（CIP）数据

湖北省博物馆第一次全国可移动文物普查成果与发现 / 湖北省博物馆编著.—北京：科学出版社，2023.9
ISBN 978-7-03-076262-7

Ⅰ.①湖… Ⅱ.①湖… Ⅲ.①文物－普查－概况－湖北 Ⅳ.①K872.63

中国版本图书馆CIP数据核字（2023）第164222号

责任编辑：王光明／责任校对：王晓茜
责任印制：肖 兴／书籍设计：北京美光设计制版有限公司

科学出版社 出版
北京东黄城根北街16号
邮政编码：100717
http://www.sciencep.com

北京汇瑞嘉合文化发展有限公司 印刷
科学出版社发行 各地新华书店经销
*

2023年9月第 一 版 开本：889×1194 1/16
2023年9月第一次印刷 印张：14
字数：403 000

定价：258.00 元
（如有印装质量问题，我社负责调换）

序

　　国务院于2012年10月15日正式启动了第一次全国可移动文物普查。这是中华人民共和国成立以来首次针对可移动文物开展的普查，是在我国文化遗产领域开展的重大国情国力调查项目。可移动文物普查是一项旨在全面掌握我国文物资源、加强文物保护、建设文化遗产强国的国家工程，具有深远的意义。

　　作为荆楚地区规模最大、收藏最丰富的地方综合性博物馆，湖北省博物馆历时三年，团结一心、层层落实，紧锣密鼓、有条不紊地开展工作，高效率、高质量地完成了各项任务。湖北省博物馆采集、登录、上报文物藏品总量241762件/套，在全国所有藏品登录收藏单位中排名第11位，得到了各方面的充分肯定，并被国家文物局授予"第一次全国可移动文物普查先进集体"的光荣称号。

　　这次全国可移动文物普查全面提高了湖北省博物馆藏品管理工作的水平，为藏品和账目管理规范化、有序化目标的实现起到了积极、重要的促进作用，可谓功在当代，利在千秋。为了与社会共享普查成果，让广大群众从中受益，湖北省博物馆特出版《湖北省博物馆第一次全国可移动文物普查成果与发现》，希望今后继续挖掘文物的科研与教育价值，使之得到最大限度的开发与利用，为促进中国博物馆事业的发展谱写华美的乐章。

湖北省博物馆馆长

湖北省文物考古研究所所长

目　　录

第一章

文物普查概况

2012年10月15日，国务院发布了《关于开展第一次全国可移动文物普查的通知》（国发〔2012〕54号），这是继针对不可移动文物开展的第三次全国文物普查之后，在我国文化遗产领域进行的又一重大国情国力调查项目。

湖北省博物馆、湖北省文物考古研究所领导对此次普查工作非常重视，成立专班，以保管部的同志为普查主力，严格按照《湖北省第一次全国可移动文物普查实施方案》的要求推进普查工作，并多次邀请省普查办领导和国家信息中心的专家展开座谈，针对湖北省博物馆文物藏品的情况讨论如何高效率、高质量地完成各项任务。

湖北省博物馆、湖北省文物考古研究所现有藏品数量24万余件/套，面对如此巨大的工程，保管部工作人员不畏惧不退却，积极面对，从负责人到保管员，团结一心，层层落实。

首先，在人员分配方面，对保管部全体工作人员进行合理的分组，以自己分管、熟悉的文物为原则，分成了8个组同时进行文物普查工作，包括出土文物4个组、书画组、传世文物组、近现代文物组、古籍图书组，每组3人左右。每组的任务有完成文物文字信息的采集填报、文物拍摄等。针对文物藏品较多的小组，再进行临时人员调配。

其次，在购买硬件设备方面（包括电脑、数码相机、扫描仪、存储设备、摄影器材、搬运工具等），得到领导大力支持，从而保障了文物普查工作的顺利进行。

最后，在技术支持方面，在文字和图片信息两方面摸索总结出有效的经验。一是文字信息采集通过反复试验，最终采用EXCEL模板录入，利用电子表格批量复制、修改、替换的功能大大减少工作量；二是图片信息采集使用DOS命令，并通过摸索、尝试，找出了利用.bat文件进行批量改名、导入合成的捷径，大大提高了工作效率。

由于任务繁重，为了解决普查人员紧缺的困难，馆、所领导迅速采取对策，联系了大批高校志愿者，包括武汉大学、华中师范大学、中国地质大学（武汉）、湖北美术学院、湖北艺术职业学院的学生，还有我馆训练有素的志愿者。每个月底，对各小组当月完成的数量和进度进行公示通报，起到激励先进、督促落后的作用，效果明显。对落后的小组，部门负责人及时深入了解，找出问题所在，一起琢磨研究，尽最大努力推进工作进度。比如，对于古籍的普查就是采取先易后难，先简单后复杂，由一管独进到多管齐下，"经、史、子、集、丛刊"齐头并进的方式进行，而不是卡在某一部分动弹不得耽误时间，取得了较为明显的效果。

此次文物普查的这几年，正是湖北省博物馆三期扩建工程项目实施的重要阶段。因施工建设，经常会停电、停水，前往保管部的道路也经常会被挖断，碰到雨天，更是泥泞不堪，甚至有一段时间每天需要爬楼梯翻铁栅栏去上班。库房的大门给封死了，没有窗户，也没有通风换气设备，空气质量差。有些同志因为长期的高强度工作，颈椎病、腰椎病犯了，晚上去医院做治疗，白天继续工作，还有的甚至手术住院还没有痊愈就返回工作岗位……面对种种不利因素，大家不畏艰辛，团结一心，坚守阵地，战斗在普查的最前线。

在文物普查过程中，大家严格遵守文物安全制度，严格执行文物安全操作规程，以高度的责任感和对文物的敬畏之心，确保了此次大规模文物普查工作未发生任何文物损毁、丢失、被盗及其他安全责任事故。同时，我们还解决了长期以来存在的历史遗留问题。

其一，馆藏古籍近八万册，由于其专业性极强，工作人员缺乏相关的知识和技能，开展古籍工作就会困难重重、举步维艰。分管古籍小组的同志们与退休的老保管员相处融洽，通力合作，在对馆藏古籍进行版本鉴定与整理编目的过程中边干边学，自己摸索鉴定门径，现学现用，按经、史、子、集、丛、善本、方志七类编目上架，总计9392种72699册，基本理顺了馆藏古籍账目，为以后的古籍工作打下了良好基础。

其二，通过这次普查，对长期以来未加清点整理的一批碑帖和中华人民共和国成立前的邮票进行了彻底的清理、登记，弄清了数量。碑帖总计11000多件，邮票200多种8万多枚。其中，不乏一些珍贵文物。

其三，由于种种限制，展厅的一部分文物一直都没有进行数据采集，因为不仅涉及很多部门的参与，包括保卫部、社教部、陈列部、后勤部等，还要保障博物馆的正常开放。我馆利用三期扩建工程改造设备楼的断电期间（对外暂停开放），突击拍摄展厅所有文物。而这个时间也正是武汉最热的时候，由于空调不能运行，整个展厅犹如一个大蒸笼，人在里面工作，没多长时间就大汗淋漓，有的同志甚至出现了中暑迹象。为了不耽误进度，大家每天自备解暑药和几套更换的衣服，坚持了近一个月的时间，抢在开馆前完成了展厅所有文物信息的采集工作。

现在，第一次全国可移动文物普查项目已圆满结束，在馆、所领导的大力支持下，特别是在保管部所有工作人员的群策群力、任劳任怨、加班加点的艰辛付出，以及我馆和高校志愿者的通力合作下，我馆采集、登录、上报文物藏品总量为241762件/套，超额完成申报任务（原申报总数为237067件/套）。在全国所有藏品登录收藏单位中排名第11位，在"8+3"中央与地方共建国家级博物馆中名列前五名，并被授予了"第一次全国可移动文物普查先进集体"的光荣称号，得到国家文物局和湖北省文物局的充分肯定。

第一次全国可移动文物普查先进集体牌匾

第一节　文物普查的背景

　　中国历史悠久，文化绵长，中华民族创造了灿烂的文明，其遗存的文物数量多、种类丰富，但一直以来，可移动文物总体资源不清、保存状况不明等问题始终没有得到根本解决，困扰着文物事业的进一步发展。早在2010年，国务院副总理刘延东同志就曾专门批示，要求国家文物局对在"十二五"期间开展国有可移动文物普查进行认真研究，并在2011年12月召开的国务院第三次全国文物普查工作电视电话会议上，明确了国有可移动文物是我国文物资源的重要组成部分，要求抓紧提出国有可移动文物普查的具体思路和实施方案。2012年，国务院成立了由15个部门组成的普查领导小组，部署、开展了轰轰烈烈的第一次全国可移动文物普查工作。此次普查范围是我国境内（不包括港澳台地区）各级国家机关、事业单位、国有企业和国有控股企业、中国人民解放军和武警部队等各类国有单位收藏保管的可移动文物，普查范围之大、重视程度之高、工作任务之重都是中华人民共和国成立以来所仅有的。

国务院文件

湖北省文物局文件

湖北省博物馆文件

第二节　文物普查的意义

　　可移动文物普查是通过国家统一组织，由专业部门采用现代信息手段集中调查统计的方式，对可移动文物进行调查、认定和登记，掌握可移动文物现状等基本信息，为科学制定保护政策和规划提供依据。

　　可移动文物普查是继第三次全国文物普查（不可移动文物部分）之后在文化遗产领域

开展的国情国力调查，是一项旨在全面掌握我国文物资源、加强文物保护、建设文化遗产强国的国家工程，具有深远的意义。

一是全面摸清文物家底，完整掌握文物资源的必要手段。我国已经开展过的三次文物普查，基本摸清了不可移动文物家底，但没有将可移动文物纳入普查范围，我国文物总体资源不清、保管状况不明问题依然没有得到根本解决。开展国有可移动文物普查，将全面掌握、统计分析和评价我国文物资源情况及价值，建立体系完整、内容全面的国家文物数据系统。

二是切实履行法律责任，加强国有文物监管的基本要求。随着文物事业发展，非文博机构的其他国有单位开始注重文物收集，已经发展为国有文物收藏领域不可忽视的重要力量。然而，有些单位未依法对所藏文物登记备案，甚至将文物与一般用品混杂一起的情况普遍存在，大量文物无账可循，文物安全存在极大隐患，文物流失情况时有发生。通过普查健全国有可移动文物的登录备案机制，是政府实施国有文物安全监管的重要职责和紧迫任务。

三是加大保护力度，健全国家文物保护体系的迫切需要。近年国家加大保护投入，有效遏制了馆藏文物的损失速度。但是很多非文物系统的国有单位由于未进行系统的文物调查、认定和登记，未纳入国家文物保护管理体系，文物安全面临威胁，潜在损失难以估计。通过普查，掌握全国文物分布及保存总体情况，将为进一步扩大文物保护范围，加强文物保护措施和力度提供全面政策依据，并探索建立覆盖全国所有系统的文物保护体系。

四是充分提升服务能力，保障人民群众基本文化权益的重要举措。我国正处于全面建成小康社会的关键时期，人民群众精神文化需求正随着社会发展而不断增长。特别是2008年博物馆免费开放以来，文化遗产的公共文化服务和社会教育效用充分发挥。开展普查，将极大拓展文物资源，促进文化产品开发，丰富公共文化服务内容，让文化遗产保护成果更好地惠及人民群众。

五是有效增强国家软实力，建设文化强国的战略工程。近年来，围绕北京奥运会、新中国成立60周年、建党90周年和辛亥革命100周年等举办的系列展览，极大振奋、激发了全国人民的爱国热情和民族自豪感。同时文物作为"外交使者""国家名片"配合国家外交大局，提升了中华文化国际影响力。加强文物资源的调查、展示和利用，将大力弘扬中华传统文化和爱国主义精神，增进中华民族凝聚力、向心力，提升国家软实力[①]。

湖北是楚文化的发祥地，历史悠久，文化璀璨，文物收藏单位多，可移动文物种类丰富、数量庞大、价值突出、极具特色，是湖北历史文化的实物见证。开展全省可移动文物普查，有利于准确掌握和科学评价我省文物资源情况和价值，建立文物登录备案机制，健全文物保护体系，加大保护力度，扩大保护范围，保障文物安全。有利于进一步促进湖北省文物资源整合利用，丰富公共文化服务内容，有效发挥文物在全省社会经济发展总体布局中的积极作用。而湖北省博物馆作为省内规模最大、藏品最为丰富的综合性博物馆，是本次普查工作的桥头堡、排头兵，更需要统一思想，提高认识，做好普查宣传员，抓好普查队伍建设，增强做好普查工作的责任感，确保普查工作质量，积极发掘普查成果，确保各项普查工作措施的落实。

---

① 国家文物局第一次全国可移动文物普查工作办公室：《第一次全国可移动文物普查工作手册》，文物出版社，2013年。

文物保管楼旧址

第三节　文物普查的目的

通过普查，全面掌握我国现存国有可移动文物的数量分布、保存状况、保管权属和使用管理等情况；总体评价可移动文物保护现状，为科学制定保护政策和规划提供依据；建立、完善可移动文物认定体系；建立、完善可移动文物档案和可移动文物名录；建立、完善基于现代信息技术的可移动文物信息管理平台，为文物的标准化、动态化管理创造基础条件；建立可移动文物信息的知识产权保护制度，实现文物信息资源的整合与合理利用，丰富公共文化服务内容，有效发挥文物在国民经济和社会发展总体布局中的积极作用。

"摸清家底、建立登录机制、服务社会"这三方面目标既是对本次普查工作内容、目的的高度概括，也是我国文物工作基本出发点和落脚点的根本体现。

"摸清家底、建立登录机制、服务社会"这三方面目标相互联系，逐层递进，涵盖了文物保护、管理、利用工作的主要方面，提出了切实履行文物保管职责的基本要求。其中，"摸清家底"是本次普查最基本也是最核心的目标，即通过普查，全面掌握我国各地可移动文物的规模和类型、保存状态、保护环境、保管和使用情况，并进行系统统计和分析。具体表现为三个层面的要求：一是体现在藏品层面，即对藏品的基本信息进行完整登记和掌握，如编号、名称、级别、年代、保存状态等；二是体现在单位层面，要对本单位全部藏品状况全面掌握，如总体规模、类型和保管情况的分布统计等；三是体现在政府层面，要总体掌握本行政区域内的可移动文物保护管理情况，包括全部收藏单位和藏品信息以及其地理、类型和行业分布情况等。

第四节　文物普查的范围和内容

本次普查的范围是我国境内（不包括港澳台地区，下同）各级国家机关、事业单位、国有企业和国有控股企业、中国人民解放军和武警部队等各类国有单位法人所收藏保管的可移动文物，包括普查前已经认定和在普查中新认定的国有可移动文物。普查的文物包括：1949年（含）以前，历史上各时代珍贵的艺术品、工艺美术品；历史上各时代重要文献资料以及具有历史、艺术、科学价值的手稿和图书资料等；反映历史上各时代、各民族社会制度、社会生产、社会生活的代表性实物。由博物馆、纪念馆收藏登记的1949年后的藏品。列入国家文物局公布的1949年后已故著名书画家作品限制出境鉴定标准范围的作品。具有科学价值的古脊椎动物化石和古人类化石[1]。

普查登录的主要内容：文物名称、类别、级别、年代、质地、外形尺寸、质量、完残程度、保存状态、包含数量、来源方式、入藏时间、藏品编号、收藏单位名称等14项基本指标项，11类附录信息、照片影像资料以及收藏单位主要情况[2]。

---

[1] 国务院第一次全国可移动文物普查领导小组办公室：《关于发布〈第一次全国可移动文物普查实施方案〉的通知》（文物普查发〔2013〕6号），2013年4月23日。

[2] 国务院第一次全国可移动文物普查领导小组办公室：《关于发布〈第一次全国可移动文物普查实施方案〉的通知》（文物普查发〔2013〕6号），2013年4月23日。

第二章

文物普查的组织和实施

第一节　领导的重视和支持

一、成立项目专班

　　2013年5月，根据省文物局和省可移动文物普查小组的要求，为切实推进此项工作，我馆成立了普查项目专班：

　　（1）项目总负责人：方勤（馆长）、万全文（书记，分管）。

　　（2）项目执行负责人：蔡路武（保管部主任）、王晓钟（保管部副主任）、李焱胜（信息中心主任）、张成明（协调部主任）。

　　（3）小组人员：主要由保管部具体实施，保管部全体人员16人：蔡路武、王晓钟、赵雄、陈春、翁蓓、胡百、贾贵平、雷雨、杨燕、赵丹、周璐、杜洁、陈婕、陈钢（即将退休）、王倚平（已退休返聘）、魏渝（已退休返聘）。

　　信息中心3人：李焱胜、左冬、谭健。

　　还包括部分高校的实习人员不定期协助进行，以便加快进度。根据工作量，灵活安排人员和时间。这是馆、校合作的有效举措，既加快了进度，又使学生们在理论知识的基础上对文物有了感性的认识，理论和实践相结合，实现了双赢。

二、普查经费和设备

　　在普查工作中，单位领导在经费和设备上给予了大力支持和保障，专事专办，特事特办，迅速到位。既包括人员经费，也包括设备经费，还包括志愿者、实习生、外包拍摄等的各种费用。设备方面，购置了电脑、数码相机、扫描仪、打印机、移动硬盘、存储卡、读卡器、拍摄器材（包括拍摄台座、摄影桌、灯光设备、背景布、背景架、测光表、快门线、转盘、光栅、三脚架、转盘、地拖等）等相关设备，以及其他一些文物整理设备。

三、普查志愿者

　　志愿者以高校学生为主。高校学生构成比较单纯，组织性、纪律性强，做事效率高，优势明显，又正好和高校的学生实习相结合，可实现双赢。学生志愿者里面，以文博、历史专业学生最合适，还应包括计算机、摄影等方面的学生。对于志愿者，上岗前要加强培训，包括纪律、安全操作、采集登记、拍摄等专业方面的培训。为调动其积极性，还应提供一定的劳动报酬。我馆以前在实施"文物调查和数据库建设项目"时，我馆专业人员负责填表，武汉大学、华中师范大学、中国地质大学（武汉）、湖北美术学院等高校学生参与信息录入，再由我馆专业人员进行审核，明显加快了工作进度。在学生实习实践过程中，我们还安排他们观摩了库房文物，并授课讲解，还提供了一定的劳动报酬，学生感到很有收获，很有成就感。

第二节 宣传和培训

积极参加普查培训，从普查意义、普查内容、工作流程、信息登录、平台使用等方面对普查有了清晰的认识，认识到普查的重要性、科学性、专业性和规范性。同时，对普查文物认定、信息采集、文物摄影等规范性要求进行学习和熟悉，丰富知识储备，提升专业技能。

积极进行宣传动员，内容包括宣传开展普查的目的意义、对象范围、内容方法、程序步骤等。宣传与普查有关的法律法规、普查标准规范、普查工作进展、普查先进事迹等。宣传普查数据处理进展情况，公布普查成果，报道文物事业在构建和谐社会、推动社会经济发展、增强文化软实力、推进湖北文化强省建设等方面的积极作用。

积极参加各项培训如下表所示。

历次文物普查培训统计表

序 号	名 称	时 间	地 点	内 容
1	第一次全国可移动文物普查信息采集软件培训班	2012 年 11 月	北京	第一次全国可移动文物普查信息采集软件详解
2	湖北省文物普查第一期骨干培训班	2013 年 5 月 8～9 日	武汉东湖丽景酒店	1. 召开湖北省地市级可移动文物普查主任会议，部署文物普查工作 2. 学习文物普查手册，培训普查工作流程、普查登录规范、信息采集软件及登录平台等
3	湖北省文物普查第二、三期骨干培训班	2013 年 7 月 1～5 日	武汉东湖丽景酒店	1. 第一次全国可移动文物普查实施方案解读 2. 国有单位调查及调查表填报 3. 馆藏文物登录标准及采集软件详解 4. 可移动文物认定
4	第一次全国可移动文物普查骨干培训班	2013 年 12 月 23～27 日	福建厦门	馆藏文物登录规范（定名、计件、分类、影像采集等）
5	湖北省第一次全国可移动文物普查第四期骨干培训班	2014 年 3 月 30 日至 4 月 1 日	武汉滨湖大厦	1. 文物认定培训 2. 文物认定的程序、标准 3. 文物年代的划定与定名 4. 普查登录规范解读
6	全国可移动文物信息登录平台骨干培训班	2014 年 4 月 27～30 日	成都望江宾馆	1. 收藏单位在线录入、报送流程及操作 2. 收藏单位离线录入、报送流程及操作 3. 各级普查办审核、报送流程及操作
7	湖北省文物普查第五期骨干培训班	2014 年 7 月 28～30 日	武汉光谷金盾大酒店	1. 普查信息采集、填报要点解析 2. 离线采集工具的使用 3. 可移动文物摄影规范与操作规程
8	湖北省厅系统外文物普查第六期骨干培训班	2014 年 12 月 2 日	湖北丽江饭店	第一次全国可移动文物普查信息平台理论讲解与操作实训

续表

序 号	名　称	时　间	地　点	内　容
9	湖北省第一次全国可移动文物普查第七期骨干培训班	2015 年 4 月 8 ~ 10 日	武汉光谷金盾大酒店	1. 普查数据审核与质量评定 2. 普查数据审核工作流程 3. 普查数据安全与数据管理利用 4. 普查数据进度与质量控制要求
10	全国省级普查办主任会议暨普查数据审核与普查总结报告编制培训班	2016 年 4 月 14 ~ 16 日	北京龙爪树酒店	1. 普查数据审核标准及要求 2. 普查总结报告编制 3. 各地交流介绍数据审核经验
11	湖北省 2016 年度普查办主任会议暨第八期普查骨干培训班	2016 年 4 月 25 ~ 27 日	武汉光谷金盾大酒店	1. 2016 年度普查办主任会议 2. 普查数据审核标准及要求，审核操作规程和方法
12	湖北省文物局举办全省可移动文物普查报告编制培训班	2016 年 10 月 24 ~ 25 日	武汉光谷金盾大酒店	普查报告编制详解
13	全国普查信息平台（二期）骨干培训班	2016 年 11 月 13 ~ 15 日	北京辰茂鸿翔酒店	1. 普查数据安全 2. 证书安装及使用 3. 社会服务子系统功能介绍及使用 4. 综合管理子系统功能操作及使用

第三节　启动和实施

第一次全国可移动文物普查从2012年10月开始，至2016年12月结束。普查的标准时点是2013年12月31日。

普查分为工作准备、文物信息采集和验收汇总三个阶段。

一、工作准备

主要工作内容是文物整理入藏，完善数据，解决历史遗留问题。

2014年5月之前，安排各小组抓紧进行文物整理、入藏、完善各项数据等基础性工作，解决历史遗留问题。这是文物普查的基础，不仅影响普查的进度，而且影响普查的质量。这项工作说起来简单，但实际上工作量很大。由于种种原因，历史遗留问题颇多，譬如，有些文物多年来一直未进行清理、登记入藏；有的文物特别是传世文物，因为历史原因，来源已不可查；有的文物定名不规范；有的文物年代判定有问题；有的文物计件计量不准确；有的文物没有尺寸、重量；有的文物未定级；有的文物完残情况不清楚……如此种种，都需要保管部的普查员们脚踏实地深入库房，对照文物、凭证、账本，一件一件地核对、落实，一项一项地补充、完善。大家不厌其烦，埋头苦干，日复一日，烦琐且枯燥，其间的艰辛可想而知。

二、文物信息采集

普查的关键环节就是文物信息的采集，信息采集的准确性、完整性，直接影响整个藏品数据库建设的质量。

文物信息采集是藏品最基础的工作，也是一项长期的、枯燥的工作。而在藏品数据库建设初期，尤以藏品的文字信息和图片信息最为重要。做好了这两方面的信息采集工作，其他方面的工作就好做了。

1. 文字信息采集

全面确定文物各类指标项，是获取完整规范的文物信息的保障。按照要求，规范开展文物调查是文字信息采集的过程，也是文物数据库建设的核心工作。文字信息采集，就是按照馆藏珍贵文物数据采集指标项的内容以及相应的著录规则，来规范藏品各项信息。在具体工作中，根据文物藏品档案和资料整理藏品信息，以手工录入藏品信息的方式，做好藏品基本信息登记，对不完整、不准确信息进行求证、完善，形成完善准确的信息资料。此项工作需组织专门的人员进行合理的分工与协作，才能完成。按照普查工作计划，每天完成预定工作量，确保普查工作进度。总体上来讲是由易入难，结合文物入馆批次和文物总账等，先将数量集中、体量小、便于信息采集和拍照的文物进行登记入藏，最后再集中普查大件、异形文物。具体到某件文物，则是按照清洁、称重、登记入藏、拍照、入柜排架等程序，团结合作，分工进行，一次完成。逐柜排查，不留死角。为提高效率，加快进度，根据具体情况，每月规定各小组必须完成文物采集的最低数量。月底对各小组当月完成的数量和进度进行公示通报，起到激励先进、督促落后的作用，效果明显。对落后的小组，部门负责人及时深入了解，找出问题所在，一起分析研究，尽最大努力推进工作进度。

2. 图片信息采集

图片信息采集是文物采集工作的一项重要内容。按照相关专业标准要求，将采集图片合成进入数据库是信息化的重要组成部分。采集过程用数码相机拍摄文物照片时，根据标准要求，珍贵文物的数码影像应采用TIF格式，不压缩储存。珍贵文物由正面图、局部图等不同角度或侧面多个图片相对应。为方便图片导入数据库中，同时要对图片进行编号和命名，图像文件的命名规则为：单位代码＋总登记号＋图片类型＋图片序号。同时还要建立图片信息采集表，这样既健全藏品图片信息，也便于日后对图片信息的利用。因此，图片信息的采集越细致、准确与科学，就越有利于以后的工作。文物完成基本信息采集后，直接进行拍照。针对不同的文物，适时调整拍摄角度，有全景照也有局部特写。当天文物拍照任务完成后，要及时对每件文物照片进行整理，每件文物建立一个文件夹，对每个文件夹依据藏品号命名，每张照片按照普查登录要求进行命名，以便后期数据录入平台和库房日常提用。由于历史原因，有些组出现同一遗址、墓葬出土文物藏品号不顺号的现象（之前湖北博物馆与湖北省文物考古研究所是两家单位，分别有自己的文物保管部，2002年两家单位合并，所以有些同一墓葬出土的文物编号是跨越式的，譬如盘龙城出土的文物就有这种情况），给普查工作带来了不少困难。为保证后期统计整理照片时不出错，在拍照时制作了一批数字卡片，摆在文物旁，在照相时做标记，大大提高了普查进度和质量。

同时，我们也对部分文物（包括古籍、碑帖等）的摄影进行外包，由专业公司按要求执行，减轻了一定的负担。2016年8～10月，我馆文物普查进入最紧张的收尾阶段，也是最困难的阶段，剩下的以大件文物、复杂的文物为主，是最难、最不好拍摄的硬骨头。省文物局明确要求10月底完成全部工作，不得拖延。拍摄工作严重滞后，只靠我们自己的力量无法完成，为此，我们将部分文物摄影外包，外聘专职摄影师帮助进行拍摄，在保证文物绝对安全的基础上，严格按照国家文物局发布的《博物馆藏品二维影像技术规范（试运）》进行拍摄，保证质量。实践证明，采用部分文物摄影外包的方式是行之有效的，提高了效率，加快了进度，按时完成了任务。

3. 数据合成

藏品信息数据的录入，是数据库建设工作的第二个阶段。由于文物藏品数量巨大，录入工作相当繁重。此阶段要合理搭配人员，确定职责，明确分工。数据录入是分步进行的，首先为了保证藏品数据录入的准确性，需要分配专门的人员进行初步的信息录入，然后，在此基础上再由其他人员对录入的数据进行校对和审核，信息校对正确后归档。

我们采用EXCEL模板录入，然后使用离线软件导入，与已改好名的图片批量合成上报。这种方式既不受网络环境的制约，也不受离线软件更新的影响，最大的优势是在文字信息处理上可以批量复制、粘贴、修改、替换等，特别是针对已经有了EXCEL文物账本的单位来说，大大减少了工作量，提高了工作效率。

4. 数据上报

先将文物电子总账登录的文物信息逐条录入EXCEL模板，核对无误后批量导入普查离线平台，再上传至国家普查平台。由于工作量比较大，数据平台在工作时间段内网络拥堵，同时，文物入藏和拍照占用大量时间，我们只能利用午休、周末等休息时间进行普查文物信息导入工作。

自2015年8月开始，不再联网直报，每月25日汇总到省文物局统一上报国家文物局，节省了约1/3的时间，以便我们全力进行数据的采集、登录。

5. 查漏补缺

在文物普查数据审核阶段，陆续发现少量数据登录不规范的问题，针对这些问题我们加强对数据的核对，提高准确率，及时修改重新上报。例如，对于文物命名，能断代的文物在名称前加上年代。对于文物照片，立体器物拍摄4张以上，平面器物拍摄正反面2张，有纹饰、题记等重要内容的需加拍特写照片，每张照片均在5M以上。关于文物尺寸，普查前藏品账目是根据文物体量大小使用单位米、厘米，后来按照普查要求统一更改为厘米，等等。前期由于平台操作不太熟练，加之普查登录规范与日常文物编目标准有差异，造成一定的失误。后来发现问题，我们对照普查登录规范进行修改，对已上传的数据进行仔细核查，保证了普查数据的准确性，同时也提高了普查工作效率。

为保证普查的质量，将差错率控制到最低，我们要求各小组编目人员对登录的数据进行认真审核，汇总后由数据库负责人和部门主任再进行通阅。在普查过程中，我们陆续发布了一些关于保证质量的通知。比如：

文物普查注意事项

结合文物普查审核工作中发现的问题，为保证质量，各小组注意以下几点：

一、定名中，必备要素：年代+特征+质地+器形，前面一定要有年代，这是审核的一个重点。

二、铜钱定名，前面务必有年代，后面加"铜钱"。宋代钱币要区分北宋与南宋等，比如，北宋崇宁通宝铜钱。

三、近代书画、古籍图书、档案文书等有明确具体年代的，应填写具体年代，如××××年。

四、漆木器的质地为"复合质地"，木+其他有机质。

五、规范填写，如民国应规范填写为中华民国，不允许简写。

六、一套多件的文物图片必须要有一张整体图。

七、完残程度选项中，如选择"残缺"或"严重残缺"，在完残情况中应予以简要说明。

保管部

2015年8月17日

三、验收汇总

我馆完成汇总、审核后，集中提交到省普查办进行最终审核。须知，可移动文物普查数据的审核工作非常重要，是确保数据质量最关键也是最后一环。根据省文物局《关于配合做好可移动文物普查数据终审工作的通知》的要求，我馆邀请了省普查办审核专家组，用了近一个月的时间，完成了24万件/套文物的审核工作，按要求及时进行补充、完善、整改，确保了此次文物普查数据的质量。

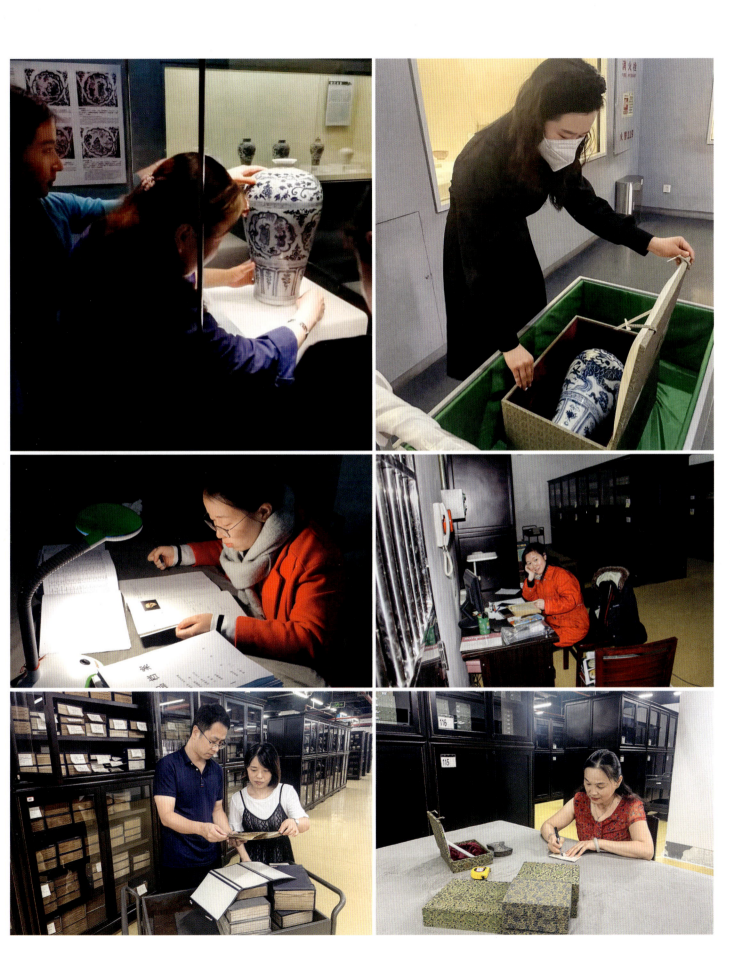

工作照

第四节　面临的困难和挑战

一、历史遗留问题多，任务繁重

湖北省是文物大省，从旧石器时代的郧县人，新石器时代的屈家岭、石家河遗址，到殷商的盘龙城、两周时期的楚国，三分天下时的东吴故都，再到明朝分封于此的诸藩，清末洋务运动、辛亥革命，乃至民国时期的红色革命，文物资源十分丰富。湖北省博物馆又是省内最大的综合性文物收藏机构，粗略统计收藏文物20多万件/套，不仅数量庞大，而且由于种种原因，历史遗留问题多。有的文物来源不清；有的文物未整理登记入藏；有的文物数据缺漏，需要补充完善；有的文物只有文字信息没有图片；等等。凡此种种，不一而足，问题多，压力大。

特别要提出的是，古籍的普查任务尤其复杂繁重。因此，在此着重加以介绍。

由于历史遗留原因，馆藏古籍几十年来一直没有准确的数据统计。古籍版本著录信息的错漏较多，导致古籍普查要求上报的基本六项：索书号、题名卷数、著者、版本、册数以及存缺卷数等信息的讹残情况十分普遍，这就意味着在进行古籍普查数据采集之前，首先要进行的是古籍版本著录信息的重新核校与鉴定工作。这项工作看似简单，实际过程却是复杂而艰辛的，任务量非常大。先要做一些基础性的准备工作，如古籍及其函套上的灰尘要进行清除、老旧的著录卡片与书签要重新书写、版框与开本尺寸要进行测量等，随后再进行版本鉴定这一项核心工作。在湖北省博物馆新馆建成之后，文物搬进新库房的过程中，因时间紧、人手不足，客观上造成部分古籍排架摆放次序混乱，这部分古籍必须先进行整理归并，然后再重新进行版本核校与鉴定。在工作中，往往前面已经做完数据采集工作的某部残缺书，在后面又发现有残册可以归并，于是不得不重新修改补充版本著录信息。整理编目这样一类书耗费了我们大量的时间和精力。或许有人认为版本鉴定就是看看版权页（书名页、牌记），看看序跋就能搞定，实际上繁复程度非亲历者不能体会。比如看起来问题不大的"题名卷数（也就是书名，有多少卷）"一项，关于"题名"，现在的统一规定是以卷端著录为准，而几十年积累下来的编目卡片和书签上有的著录的是书名页上的书名，有的著录的是版心的书名，有的著录的是约定俗成的书名，有的著录的是简称，有的著录的是别称，林林总总，极不统一，必须全部重新按卷端进行著录。而"卷数"一项，要以实际卷数为准。"首卷""末卷""目录卷"有否计入、已刊卷数与实际卷数是否相符、文末是否还附录他人著作、是丛书还是单行本等情况，都要视具体情况而定。再如"著者"一项，一般规定要以作者真实姓名著录，貌似再简单不过，其实大有问题，因为古人的"名字"信息远比今人复杂，不仅仅是"名""字""号"的问题，还涉及"籍贯""官衔""法（道）号""谥号""笔名"乃至"避讳改字""伪托""不著撰人"等，而这诸多"名字"信息复合出现时，还有互相之间排列先后、使用时间先后等问题，一不留神就会出错。馆藏古籍以清刻本为多，清朝满族人与日本人的姓名比较特殊，前者一般不著录姓氏，后者姓氏使用习惯因与汉姓姓氏使用习惯差异较大而不易与名字区分，如果不认真判别，很容易出错，涉及这两类人名的著作，须更为审慎。然而最大的问题还是在"版本"项，除了比较容易判断的古籍、编目卡片和书签上的"版本"项信息可以确定无误、直接使用之外，著录信息有残缺、讹误的古籍，都需要查验原书、重新校核、鉴定版本。而这一工作不仅仅是工作量大，更是有些"强人所难"，因为进行古籍普查的四人中三个年轻人都非古籍专业科班出身，专业基础偏弱而馆内各种基本的古籍参考书、工具书又非常缺乏，面对种种不利条件，只能硬着头皮去干。初刻本、翻刻本、影刻本、修补本、递修本、刻本、活字本、石印本、珂罗本、铅印本、原稿本、誊清稿本、抄本、影抄本、批校本等各种版本描述不一而足，只能边干边学，边学边干，先掌握理论再应用到实践，然后又以实践验证理论。需要说明的是，每一种问题绝不会是单独出现，而是复合出现。这样导致的后果就是，在核校、鉴定版本的过程中，形成了一种不自觉的"强迫症"：先不去查看旧的编目卡片和书签，而是直接查验原书，鉴定、著录版本信息之后再与旧的编目卡片和书签比对，两者相符则稍稍舒一口气，两者不符则要重新细加审定判断。整个工作过程，脑力劳动与体力劳动兼而有之，简单环节与复杂环节缺一不可，工作中的脏与累、甘与苦，只有自己知道。

可以说，古籍工作就是"与古为徒"，专业性极强，没有一定的理论功底和经验积累，连最基本的入藏著录工作也是无法做好的，遑论其他。从事古籍工作，首先必须对古代文化有相当程度的了解与掌握，具备一定的古汉语知识；其次对我国古代史、思想史、学术史、艺术史、编辑出版史、印刷史、藏书史、版本目录学，以及各种印刷技术的特点和印书纸张的特性等等都要有一定程度的掌握，同时还要熟悉各种参考书、工具书的特点和用途。没有这些必要的知识和技能储备，古籍整理工作就会困难重重、举步维艰，而这绝不是一朝一夕能够做到的。在古籍普查的过程中，我们深切地体会到了这一点。

二、启动晚，时间仓促

一方面，前期大量的文物清理、登记等基础工作占用了大量的时间；另一方面，虽然国务院从2012年起就已经开始着手布置了全国可移动文物普查工作，湖北省也于2013年4月就召开了全省第一次全国可移动文物普查电视电话会议，湖北省的文物普查工作也正式启动。但由于全国文物登录信息平台的搭建以及文物普查设备的采购等诸多方面原因，直到2014年年中这些问题才得以彻底解决，我馆的可移动文物普查工作才真正全面步入正轨。而相对于最初国务院部署工作通知的5年期限却只剩下一半时间，抢时间、抢进度是文物工作的大忌，但此时已难以避免，要将如此繁重的普查工作任务在短短2年多时间内完成，无疑是一项巨大的挑战，是在与时间赛跑。

三、专业人员严重不足

湖北省博物馆有藏品20多万件/套，但保管部工作人员只有20来人，文物数量多，但对应的工作人员严重缺乏，专业人员严重不足是现在博物馆库房工作普遍存在的现象。在面对可移动文物普查这样超大工作量的专业性工作时，尤其显得捉襟见肘，力不从心。为确保文物的安全，不可能从其他部门借调过多的非专业人员，这便形成了懂业务的人忙得不可开交，想帮忙的人又插不上手的尴尬局面。面对可移动文物普查工作任务重、人员少的突出问题，单位领导和保管部负责人想方设法，一是尽量从研究部门、陈列部门调用专业人员，二是充分利用高等院校学生放假、实习的时机，经审核招募了一批来自武汉大学历史学院、华中师范大学历史文化学院、中国地质大学（武汉）珠宝学院的本科生、研究生来馆实习。这些有生力量经过培训后，参与到文物普查中来，帮忙做些外围工作，量尺寸、称重量、邮票分类插卡页，拍照时帮忙挂画、收画、写号签等，加快了普查进度。学生把在课堂上学到的专业知识与博物馆实践相结合，针对性地提高了学生的实践能力，馆、校合作，收到了双赢的效果。

同时，专业拍摄人员不足，也是我们面临的一个困难。库房绝大多数工作人员缺乏专业的文物拍摄等相关专业知识，而单位的两位专业摄影师平时还需负责考古工地现场的文物拍摄工作，不可能全程协助配合保管部完成可移动文物普查工作。面对现实，大家克服重重困难，在接受文物拍摄专家短期指导后，保管部工作人员在普查工作中慢慢摸索、总结出一套行之有效的、有利于可移动文物拍摄工作的操作程序和规范。

四、库房条件差，环境恶劣

因文物的特殊性，为确保文物安全、万无一失，文物库房长期处于封闭、半封闭状态，采光不好，通风不好，空气质量差，日积月累影响身心健康。每年体检，保管部绝大多数工作人员都会检查出不同程度的鼻炎、咽炎等问题。

与此同时，博物馆的三期扩建也对文物普查造成了很大的影响。特别是2016年3～7月，扩建工程进入全面建设阶段，博物馆闭馆，暂停对外开放近4个月。在此期间，由于原路面已被破坏，以及安全保卫方面的原因，保管部工作人员只有经综合馆展厅后岗亭翻越围栏进入办公区，极为不便。同时，展厅内还有屈家岭、盘龙城、曾侯乙墓等文物信息数据没有采集，趁闭馆的机会，在炎热的夏季，出土文物小组工作人员在无空调的艰难条件下，完成了对展厅数以千计文物14项指标、图片的信息采集工作，确保了文物普查工作顺利完成。基建工程不但给大家日常出行带来不便，而且影响库房的正常通风，库房唯一的

博物馆三期扩建现场

通风口——库房大门被封死，加之库房内日常防虫所用药品具有一定刺激性气味，普查人员长时间戴着口罩在库房工作，经常出现头痛、眼疼、呼吸系统不适等症状。

五、日常工作繁杂，制约普查进度

保管部人员要配合单位各项业务工作的开展，包括对内、对外的展览，日常各种接待，以及研究工作等，常常因此而分心，不能专注于普查工作。一方面诸多日常业务工作不能停顿，另一方面又要抓紧进行文物数据采集，这也给普查工作造成了很大的困难。

虽然在普查过程中遇到种种困难，但全馆工作人员排除万难，牢记使命，恪尽职守，本着奉献、进步的志愿服务精神，秉承爱国、敬业的社会主义核心价值观，任劳任怨，高质量地完成了此次文物普查工作，湖北省博物馆被授予"第一次全国可移动文物普查先进集体"荣誉称号。

第五节　先 进 事 迹

在第一次全国可移动文物普查的大潮中，湖北省博物馆也和其他省级大馆一样，任务重、时间紧、人员紧缺，在近四年的艰辛普查工作中，涌现出许多感人的先进事迹。

（1）各小组合理分配普查工作时间，比如普查平台受带宽的限制，一般在正常上班时间上报数据会非常慢，大家便牺牲休息时间，利用午休或晚上的时间加班加点，错开高峰上传数据，最大限度地提高工作效率。

（2）因为每件文物的数据采集都涉及文物的搬运，而保管部大部分是女性，在文物测量、称重、拍摄过程中，大家经常汗流浃背，但从未有过怨言。对大件文物，为达到好的拍摄效果，大家依然克服困难从库房搬出拍照登记。地契和服装等文物，要先用熨斗熨平再进行拍照；对一些无法搬运的极重极大文物，大家尽量利用库房的空间，在力所能及的调整之后，就地采集信息；部分需展开的大尺寸文物，如地图、旗帜等，借用照相室的大空间拍照，工作人员需多次爬上梯子牵置固定文物，以拍摄全景图片，呈现出文物最好的一面。

（3）冒酷暑战高温，克服困难拍摄展厅文物。展厅的文物数据采集是最麻烦的，不仅不能影响博物馆的正常开放，而且在展柜提取文物时还涉及很多部门的参与，包括保卫部、社教部、陈列部、后勤部等。经领导商议，决定利用三期扩建工程改造设备楼期间（因为断电，对外闭馆），保管部负责人蔡路武、王晓钟同志组织胡百、翁蓓、魏渝、赵雄、雷雨、赵丹等同志突击拍摄展厅内所有文物。2016年7月，正是武汉最热的时候，由于设备楼改造，空调不能运行，整个展厅犹如一个大蒸笼，就算坐着不动，也会大汗淋漓，但大家没有任何退缩，搬着工作台，扛着摄影设备，马上就投入到"会战"中。一天下来，衣服被汗水湿透了不知道多少遍，上面都是成片的白色"盐渍"，大家还不同程度地出现了头晕、呕吐等中暑症状。为了不耽误进度，大家每天自备解暑药和几套更换的衣服，坚持了近一个月的时间，抢在开馆前完成了展厅所有文物的信息采集工作。

（4）馆藏漆器入藏历时较长，而且由我馆文物保护中心承担的馆藏漆器的脱水、修

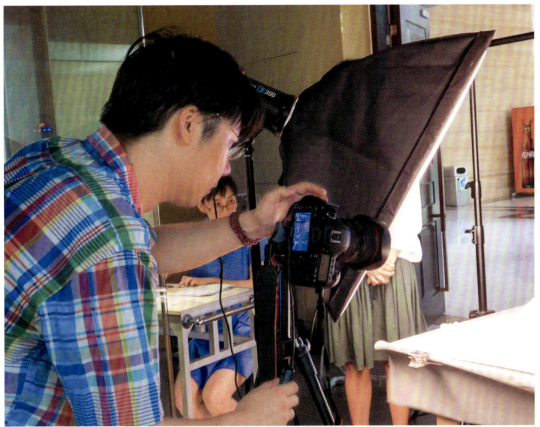

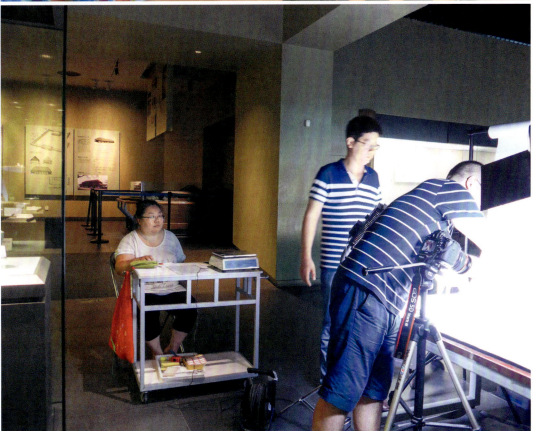

战高温展厅拍摄文物

复工作一直不间断进行，同时，少数漆器所属的考古发掘整理报告未正式发表，这些都给漆器的入库、登记、清点工作带来困难。在这次普查中，发现了器物重复入藏、器物标签与实物不符、器物上所写入藏信息在修复后脱落或被掩盖等情况，对此我们做了及时妥善的处理。漆木器保护过程中使用的药水的长期缓慢的挥发，对人体皮肤、眼睛产生刺激，陈春等几个工作人员都出现了不同程度的眼睛发痒、干涩、皮肤起疹、过敏等不适反应，对此，大家一方面尽可能加强和注意自身防护，一方面坚持工作，保证普查工作按质按时完成。

（5）古籍普查工作开始之际，新老交接、古籍文物移交工作已经进行了一段时间，考虑到实际情况，古籍普查与古籍移交两项工作是同步开展的，即在古籍文物一项项移交之时，同步采集古籍普查数据。由于工作量非常大，遇到的问题解决起来又异常艰辛，而时间不等人，古籍普查工作刚开始的时候进展十分缓慢，眼看其他普查小组一个月能完成几千件甚至上万件的普查数据，古籍普查小组一个月却至多完成一千件。这个时候不仅领导给压力，古籍普查小组自己也在给自己施压，实实在在感到了"压力山大"。有压力就有动力，有动力就有执行力。从工作时间上来讲，古籍普查小组几乎每天都是最早进库房开始工作的；从工作方法上来讲，采取先易后难（先丛书后单行本、先石印铅印本后刻本活字本）的方法努力积累普查数量；从工作态度上来讲，不怨天尤人，不敷衍推诿，始终干劲十足。白天工作时碰到一时半会无法解决的问题，先放下来，不至于拖慢工作进度，工作之余或者晚上回家自己花时间充电学习，将难题尽力解决，不给以后的工作留尾巴。随着时间的推移，大家解决问题的能力也在不断提升，碰到的问题逐渐减少，工作的进度也越来越快。陈钢同志本已退休，因这次文物普查工作而返聘回来，对于普查工作，她并没有因为自己已经退休而产生丝毫懈怠，相反，她以身作则，带着古籍普查小组其他成员齐心协力加油干，起到了"定海神针"的作用。问她为什么退休了不在家好好享受生活，她说干了几十年的古籍工作，有感情了，舍不得。语气平淡而坚定，令人动容。罗怡同志主要负责古籍版本信息的核校工作，由于书柜与工作台有高度差，需要不断起身、弯腰、下蹲，几天下来腰酸背痛，几个月下来导致腰肌劳损，留下了现在不能久坐的毛病。张晓冲同志属于过敏体质，而库房积有灰尘和霉菌，即使有抽风机和空气净化设备，在库房待久了，也会皮肤瘙痒、喷嚏连连，时间一长，鼻炎、咽喉炎接踵而来，现在已成痼疾。辛月同志在普查期间结婚成家，却顾不得度蜜月去享受二人世界，始终工作在普查第一线，尽管怀有身孕，依旧每天端着三脚架拍摄书影。每天下班出库房，人人都是灰头土脸，腰酸背痛。面对普查带来的难题、面对普查带来的压力、面对普查带来的"工伤"，古籍普查小组成员从未埋怨过一句，反倒经常以此相互取乐，放松身心，唯一担心的是完不成普查任务，给部门、单位拖了后腿。可喜的是，古籍普查小组不负众望，终于按时完成了普查任务，新的编目数据质量较以往有了大幅度提高，馆藏古籍资源的价值和地位因此得到很大提升，个人的业务素养和知识技能也实现了全面提高，实现了集体和个人的双赢。

（6）提高效率，技术创新。这次文物普查最大的难点就是文物的图像信息采集，每件文物都要搬到摄影台上进行多角度的拍摄，然后再对每张图片命名，为每件文物建立对应的文件夹，最后与文字信息合成。工作量之大，过程之烦琐，光有体力是不够的，还需有足够的耐心和细心，因为哪怕很小的错误也可能会导致上万条数据的修改。为了提高效率，赵雄和雷雨同志积极组织普查骨干进行讨论，集思广益，汲取同行中的宝贵经验，通过不断尝试，针对图片信息处理这块，终于摸索出了一套适合我馆藏品的科学有效的技术捷径——创建.bat文件进行批量操作，为按时完成普查任务提供了关键性的保障。

现将这套方法简要说明如下。

步骤一：文物图片批量改名。

如果拍摄的器物只有正反两张图片，而且文物的入藏号也是连续的，如我们库房内大量的铜钱、铜镜、邮票等。在拍摄时，按照器物正反顺序和文物登记号顺序来进行拍摄。导入电脑后，使用"妖眼软件"（图片批量改名的软件）分别对正、反两面的图片批量改名再合并。

步骤二：批量新建对应文物登记号的文件夹。

在文物图片名称都改好的情况下，利用"DOS"、文本文档、WORD文件，根据已有的文物登记号，创建.bat文件，批量生成与之对应的文件夹。

步骤三：将改名后的文物图片批量导入对应的文件夹。

利用EXCEL表格文档文件的替换功能，将其内容复制粘贴，做成"copy+空格+文件所在目录+图片名称+空格+文件所在目录+图片对应文件夹名称+\+图片名称"的格式，如右图所示：

步骤四：将该文档保存为.bat文件，运行该文件后，Windows系统会自动将改名后的图片复制到对应的文件夹中。

文物图片信息处理完成。

这些普查中的"小插曲"，在全国文物普查工作的大潮中只是冰山一角。相信每一位普查人员的背后都有一段令人动容、难以忘怀的故事。大家不畏艰辛，坚守岗位，任劳任怨，为心爱的文博事业默默地奉献着……

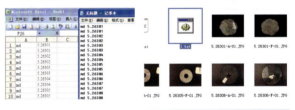

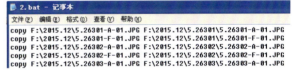

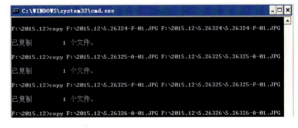

第三章

文物普查的成果与发现

馆藏文物级别统计图（件/套）

历时数年，史上规模最大的文物普查取得了令人瞩目的成绩，成果丰硕，概括如下。

（1）摸清了文物家底，掌握了馆藏文物资源。

我馆采集、登录、上报文物藏品总量为241762件/套，超额完成申报任务（原申报总数为237067件/套）。藏品总数精确到个位，数据翔实，为各项业务工作打下了坚实的基础。

（2）提高了业务素质，锻炼了队伍。

博物馆普遍存在专业技术人员缺乏、队伍参差不齐的问题，藏品保管部门亦如此。历时多年的普查工作，虽然艰辛，但对我们保管员来说是一次难得的锻炼机会。第一次可移动文物普查工作开展范围广、时间跨度长、参与程度深，一方面伴随着文物普查的进行，文物普查工作培训确保了普查人员熟练准确掌握普查流程和技术；另一方面随着普查工作的深入，普查人员对文物藏品的认识更加透彻、理解更加深刻，对后期进一步研究文物以及其文化特征、内涵打下了坚实的基础。在普查过程中，大家协同作战，在工作中不断学

馆藏文物类别统计表

类　别	数量/（件/套）	类　别	数量/（件/套）
碑帖拓本	11120	钱币	83981
标本、化石	262	石器、石刻、砖瓦	793
玻璃器	225	书法、绘画	4315
瓷器	3764	陶器	3168
档案文书	4736	铁器、其他金属器	1173
雕塑、造像	930	铜器	15468
度量衡	25	文件、宣传品	3257
珐琅	30	文具	315
古籍	9392	武器	5118
家具	2	玺印符牌	1296
甲骨	123	牙骨角器	509
金银器	1990	音像制品	156
乐器、法器	112	邮品	84799
名人遗物	961	玉石器、宝石	917
皮革	51	织绣	741
票据	740	竹木雕	126
漆木器	579	其他	588
总计		241762	

馆藏文物年代统计表

年　代	数量/（件/套）	年　代	数量/（件/套）
旧石器时代	206	隋	363
新石器时代	1560	唐	10707
夏	5	五代十国	222
商	664	宋	71054
西周	75	辽	20
春秋	156	西夏	12
战国	13915	金	174
秦	190	元	160
汉	4727	明	1561
三国	464	清	26370
西晋	229	中华民国	98145
东晋十六国	39	中华人民共和国	8314
南北朝	197	年代不详	2233
总计			241762

习，取长补短，受益匪浅，不但加深了对所管文物的了解，而且文物摄影、电脑操作水平也大大提高。通过对普查所得各类数据进行系统的分类统计、分析，管理研究水平也得到全面提升。与此同时，在普查中也形成了良好的馆际交流学习机制，普查工作人员利用展览、会议等各种机会与其他馆工作人员交流普查经验，相互学习、借鉴，使普查工作人员的业务水平有了一个飞跃，提高了文物普查工作的整体水平。人才的锻炼必然会对今后文物保管工作带来极大的帮助。

（3）完善了藏品的数字化管理。

传统的文物入藏、登账、编目建档、出入库记录等管理模式，费时费力，工作效率不高。随着信息时代的到来，文博事业的数字化建设工作显得尤为重要，此次全国可移动文物普查正好提供了一个契机，为博物馆藏品保管工作的信息化乃至智慧博物馆的建立做好了技术与知识的储备。全面采集文物的基本信息，虽然增加了工作量，但建立起来的极为丰富的藏品数据库，并在此基础上形成整套的系统化、信息化、科学化的动态管理程序，对日后库房的管理使用等都有极大的促进作用，提高了文物藏品的管理水平。

（4）促进了馆藏文物的深入研究。

对博物馆馆藏文物信息的整理，有利于充分挖掘文物藏品自身的内涵及相互之间的关系，有利于馆藏文物的进一步研究。普查建立起来的全面完整的数据库，使以前独立的、零散的藏品和信息变得更加全面、系统、详尽，成为一个有机的整体，为文物藏品分时段、分地域、成系统、成类别、成套成组地进行深入研究，提供了坚实的基础。

保管部普查工作人员集体照

现就普查的几项主要成果，分以下三节进行详述。

第一节　摸清家底

全面进行采集、登录、统计、分析，摸清文物家底，准确掌握馆藏资源，这是首要的任务，也是最重要的成果。各部分、各库分述如下。

一、先秦出土文物库

该库文物由翁蓓、胡百等同志负责，并有部分志愿者参加。通过本次可移动文物普查，博物馆先秦出土文物库已完成登记上传文物共计14698件/套。如按文物类别统计，分别为铜器9135件/套，金箔1063件/套，金锡、铅锡器880件/套，陶器714件/套，瓷器153件/套，骨器573件/套，玉器482件/套，银器449件/套，铅器374件/套，石器249件/套，金器246件/套，料器146件/套，漆木器141件/套，玻璃器11件/套，另有竹简82件/套（实际数量1059枚）。由此可以看出，铜器数量最大，占总量的62%，客观反映出中国在先秦时期步入青铜时代鼎盛的社会现实。

如按器物用途划分，车马饰和兵器最多，分别有6508件/套和4384件/套，占绝大多数。另有数量众多的铜礼器、玉礼器、生活用品等。大量的礼器与兵器充分印证了"国之大事，在祀与戎"，说明了祭祀与战争确实是当时政治生活的重要组成部分。

如按出土墓葬划分，擂鼓墩1号墓和九连墩出土文物数量最多，分别为7287件/套和4302件/套，占总数的78%。其他重要墓葬还有望山楚墓934件/套、包山2号墓225件/套以及沙冢74件/套等。从墓葬年代分析，随州擂鼓墩为战国早期墓葬，望山沙冢楚墓、包山楚墓、九连墩楚墓则均为战国中晚期墓葬，由此可见，先秦出土组文物主要集中在战国时期。

自20世纪50～60年代以来，陆续在湖北地区发掘了一批楚墓以及带有楚文化特征的墓葬，一改中华人民共和国成立前湖北无大型楚墓发现的局面，湖北的考古事业也随之进入第一个发展高峰期。江陵望山、荆门包山、随州擂鼓墩以及进入21世纪后的枣阳九连墩和近年的曹门湾、郭家庙等，为我们一笔一笔描绘出一幅先秦湖北乃至整个长江中游地区的瑰丽画卷。这一文物宝库，不仅是湖北的人文宝藏，也是中华民族的人文财富。随着展览规模的不断扩大、交流的不断深化，这些文物已经走出国门。仅仅在可移动文物普查工作期间，就远赴重洋，到达日本东京、俄罗斯莫斯科、意大利威尼斯等地，充当文化使者，搭建文化交流的桥梁，弘扬中国传统文化，阐释中国特色，彰显中国精神，让湖北乃至中国的形象在世界上不断树立和闪亮起来。

由于历史遗留原因，我馆先秦出土文物库除收藏了一大批先秦时期的文物以外，还有少部分汉、唐、宋、明时期的文物，其历史价值、艺术价值、研究价值都相当重要。

西周　铜斝

西周　兽面纹铜爵

西周中期 "邾子□" 铜鼎

战国 镶嵌勾连云纹铜壶

战国早期　铜尊盘

春秋早期　铜编钟

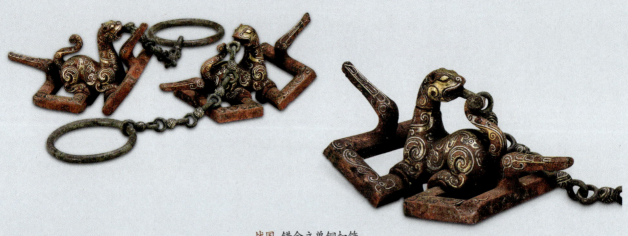

战国 错金立兽铜扣饰

战国 错金银铜轼帽

战国 错金银铜车害   战国 弧头铜构件

战国　铜钩内戟

战国　"曾侯邮之用"铜殳

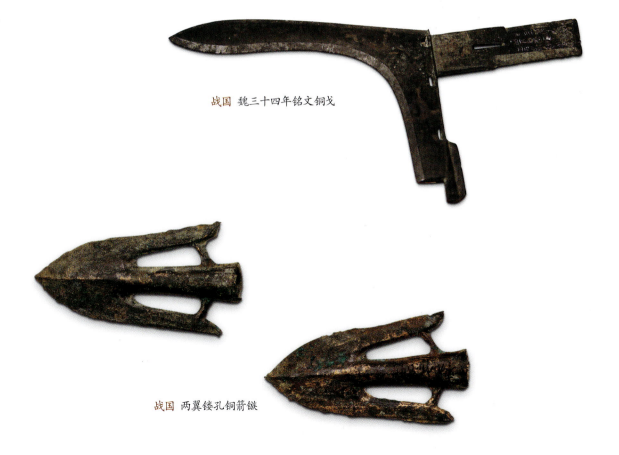

战国　魏三十四年铭文铜戈

战国　两翼镂孔铜箭镞

春秋早期　长条形凤鸟纹镂空玉饰

春秋早期　镂空凤鸟兽面玉饰

西周晚期　人龙形玉饰

春秋早期　三角形玉牌饰

西汉　龙纹玉璧

两周之际 兽面玉饰

春秋早期 虎形玉饰

春秋早期 兽面玉饰

春秋早期 虎形玉饰

春秋早期 兽面玉饰

春秋早期 虎形玉饰

春秋早期 兽面玉饰

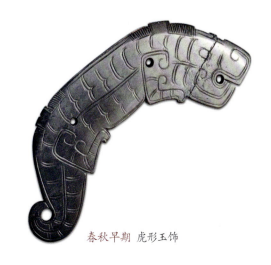

春秋早期 虎形玉饰

西汉 陶仓

东汉 陶楼

汉 绿釉陶鸭

北宋 葵瓣口漆盘

北宋 葵瓣口漆碗

北宋 葵瓣口漆盏托

宋 青白釉莲瓣纹注子、温碗

北宋 青白釉菊瓣纹瓷钵

北宋 青白釉印缠枝莲花纹执壶

北宋 青白釉盏托

北宋 青白釉瓷碟

北宋 酱紫釉葵瓣口瓷碗

二、漆木器库

　　该库由陈春同志负责，并有部分志愿者参加。对普查中发现的有关漆木器入藏信息不完备的各类问题都认真核查、落实。通过普查摸底，目前馆藏漆木器579件。馆藏出土漆木器以战国秦汉漆木器为大宗。其中战国时期的楚国及其附属国漆木器主要出自随州曾侯乙墓、荆门包山楚墓、枣阳九连墩楚墓、江陵望山沙冢楚墓、江陵九店楚墓、江陵雨台山楚墓、江陵纪南城楚墓、老河口安岗楚墓等。秦汉时期的漆木器主要出自云梦睡虎地秦墓、云梦大坟头汉墓、江陵毛家园汉墓、江陵凤凰山汉墓、江陵高台汉墓、光化五座坟汉墓等。此外，当阳赵巷春秋楚墓、汉阳十里铺宋墓出土漆木器也有少量入藏。

　　馆藏战国漆木器种类丰富、保存良好，主要有饮食器、乐器、车马器、兵器、生活用具、丧葬用器等。饮食器类的扁壶、豆、樽、方盒、耳杯、勺、斗、俎、房几、禁、案；生活用具类的床、枕、几、扇、箱、奁、梳、篦；乐器类的虎座鸟架悬鼓、瑟、琴、筑；车马、兵器类的车盖杠、甲胄、盾、柲杆、弩、剑匣、箙，以及丧葬用器类的棺、虎座飞鸟、镇墓兽、俑等，都是先秦漆木器的典型代表。

　　馆藏秦汉漆木器同样异彩纷呈，器类有饮食器、生活用具、车马器、兵器、乐器、丧葬用器等。以生活器具为主，有壶、盘、盂、卮、盒、奁、耳杯等。与战国时期相比，秦汉漆木器中的饮食容器增多，制作技术日趋成熟，漆木器的商品属性增强，纹饰细腻，造型轻巧，生活气息愈加浓厚，鸟鱼花草等写实作风盛行，吉祥寓意题材渐多，富有活力。

战国　彩绘漆木方鉴

西汉　彩绘云鸟纹漆卮

战国　彩绘漆木虎座鸟架鼓（附鼓袍）

三、秦以后出土文物库

　　该库由蔡路武、贾贵平、方丁玉等同志负责，并有部分志愿者参加。秦以后出土文物库房普查统计如下。

　　钱币75523件/套、瓷器1423件/套、陶器1304件/套、铜器200件/套、金银器334件/套、铁器等其他金属器7件/套、石器33件/套、玉石5件/套、玻璃1件/套、雕塑造像3件/套、木雕1件/套、玺印符牌3件/套、其他2件/套，共计78839件/套。

　　该库的文物普查，包括以下几大块。

　　一是黄石西塞山窖藏铜钱的清理、入藏、登录、拍照等。这批铜钱以宋代为主，年号多、数量大，但大多生锈，而且锈结成团，不易清理，长期以来只挑选了一部分入藏。这次普查，我们对其中保存较好、字迹清晰、容易除锈的铜钱进行了清理，挑选了7万多枚进行了登记、入藏，以及数据采集。其中不乏一些珍品，如靖康元宝、大宋元宝等。这是一次较为彻底的清理，剩下的或支援其他博物馆，或是一些残次品，此次的普查解决了一个历史遗留问题。

西汉　彩绘髹漆陶壶

东汉　青釉四系罐

汉　铜匜形套器

汉　滑石鼎

三国　青釉人顶灯

三国　鎏金刻佛铜饰片

六朝　金辟邪

宋　青白釉瓷枕

元　褐彩牡丹纹塔式盖瓶

元　延祐六年安公墓志

元 青花龙纹梅瓶　　　　　　　　　　元 青花四爱图梅瓶

明 绿釉缠枝花卉纹三足炉

二是对鄂州六朝陶瓷器、铜镜的清理、数据采集。鄂州曾两度为吴都，在当时及以后具有重要的地位。鄂州六朝时期的墓葬多，出土的陶瓷器、铜镜不仅数量大，而且精美。我们对这批出土的陶瓷器、铜镜进行了彻底的清理、数据采集。

三是对武汉出土六朝、隋唐陶瓷器的清理、数据采集。20世纪50～60年代，在武汉发掘了数百座墓葬，主要在武昌。六朝墓葬较少，隋唐墓葬居多。以陶瓷器为大宗，数量大，窑口多，品种丰富，造型奇特，多彩多姿。

黄石西塞山窖藏铜钱统计表

名　称	数量/枚	时　间	名　称	数量/枚	时　间
五铢	309	公元前118年	元丰通宝	6031	1078～1085年
大泉五十	2	西汉王莽	绍圣元宝	3316	1094年
货泉	205	14～40年	元符通宝	936	1098～1100年
开元通宝	8085	621年	圣宋元宝	4753	1101年
乾道重宝	655	乾元元年	崇宁重宝	3277	1102～1106年
唐国通宝	70	交泰元年	大观通宝	1235	1107～1110年
周元通宝	70	955年	政和通宝	5915	1111～1117年
宋元通宝	166	960年	宣和通宝	3662	1119～1125年
太平通宝	315	976～984年	靖康元宝	1	1126～1127年
淳化元宝	638	990年	建炎通宝	1317	1127年
至道元宝	766	995年	绍兴元宝	1635	1131～1162年
咸平元宝	757	998～1003年	绍兴通宝	219	1131年
景德元宝	785	1004～1007年	正隆元宝	69	1157年
祥符元宝	2055	1008～1016年	隆兴元宝	21	1163～1164年
天禧通宝	1534	1017～1021年	乾道元宝	103	1165年
天圣元宝	2747	1023年	淳熙元宝	456	1174～1189年
明道元宝	210	1032～1033年	绍熙元宝	213	1190年
景祐元宝	244	1034年	庆元通宝	127	1195年
皇宋通宝	5832	1039～1054年	嘉泰通宝	94	1201～1204年
庆历重宝	45	1041～1048年	嘉定通宝	165	1208年
至和元宝	411	1054年	大宋元宝	6	1225～1227年
嘉祐元宝	1597	1056～1063年	绍定通宝	96	1228～1232年
治平元宝	1279	1064～1067年	淳祐元宝	8	1241～1252年
熙宁元宝	2052	1068～1077年	元祐通宝	7465	1086～1093年

南宋　贰拾伍两银锭

南宋　淳祐元宝

南宋　淳祐元宝

南宋　淳祐元宝

鄂州出土六朝时期陶瓷器统计表

时　代	地　点	墓葬数量/个	数量/（件/套）
三国	鄂城西山 M1、M3、M6、M19、M47、M73，鄂城郭家垴 M1～M3、M7、M8、M10、M12、M16、M18，鄂城朱家垴 M5、M9、M10、M13、M15～M20、M22、M25，鄂城瓦屋湾 M3～M9，鄂城太子庙 M1，鄂城八一钢厂 M3，鄂城冯家嘴 M6、M8、M10，鄂城观音垅 M1、M2，鄂城钢化厂 M1，鄂州市博物馆调拨（11 件）	42	295
晋	鄂城武黄公路、鄂城寒溪公路 M4	2	2
西晋	鄂城西山 M2、M7、M16、M20、M22、M29、M30、M33、M36、M37、M41、M43、M49～M52、M57、M63、M68、M78、M81、M83、M84，鄂城八一钢厂 M3，鄂城郭家垴 M23，鄂城朱家垴 M20、M21、M23，鄂城月亮寺 M3，鄂城张家嘴 M1、M2、M7，鄂城花家嘴 M1～M3、M6，鄂城武黄公路，鄂城冯家嘴 M9、M12，鄂城钢厂五四四工地 M14，鄂城秋家山 M1，鄂城西山水泥厂工地，鄂城钢厂 6302 工地 M5、M43，鄂州市博物馆调拨（10 件）	44	170
两晋之际	鄂城西山 M53	1	4
东晋	鄂城西山 M4、M8～M10、M12、M13、M15、M17、M25、M27、M32、M34、M40、M45、M46、M55、M71、M77、M79、M80、M82，鄂钢供销科仓库，鄂城郭家垴 M4、M11、M15，鄂城朱家垴 M3、M7、M11、M12，鄂城贺家嘴 M1～M4，鄂城徐家湾 M1，鄂城月亮寺 M1、M2、M5、M6，鄂城张家嘴 M3、M4，鄂城钢厂五四四工地 M87，鄂城秋家山 M1、M2，鄂城蔡家垅 M1，鄂城观音垅 M3，鄂州市博物馆调拨（2 件）	45	292
南朝	鄂城西山 M5、M24、M26、M31、M39、M60、M64、M75、M76，鄂城郭家垴 M13、M6、M17，鄂城朱家垴 M6、M8、M9、M14，鄂城徐家独湾 M1	17	131
合计		151	894

东汉 兽首铜镜

三国吴 黄武四年神兽纹铜镜

三国吴 嘉禾二年重列神兽纹铜镜

铜镜统计表

时　代	地　点	墓葬数量/个	数量/(件/套)
汉	鄂城朱家垴 M10，鄂城瓦屋湾 M3、M4，鄂城郭家垴 M12，云梦睡虎地 M18	5	5
西汉	鄂城朱家垴 M22，云梦睡虎地 M47，云梦大坟头 M2、M3	4	4
东汉	鄂城朱家垴 M5、M19，鄂城瓦屋湾 M3、M6，鄂城郭家垴 M16，鄂城秋家山 M2，鄂城西山 M20、M49（2件）、M63、M73、M80～M82，武汉 M20、M425、M480，鄂州市博物馆调拨（7件）	16	24
三国	鄂城观音垅 M2，鄂城朱家垴 M12、M15（2件）、M16、M20、M21、M23，鄂城瓦屋湾 M3、M8，鄂城西山 M6（2件）、M49，鄂城太子庙 M1，鄂城郭家垴 M10，武汉 M398，鄂城县鄂钢五四四工地 M13，鄂州市博物馆调拨（5件）	15	22
西晋	鄂城花家嘴 M2，鄂城朱家垴 M25，鄂城西山 M84	3	3
东晋	鄂城月亮寺 M6，鄂城贺家嘴 M4，鄂城西山 M12、M78	4	4
唐代	武汉 M142、M233、M254、M334、M432、M495、M504	7	7
合计		54	69

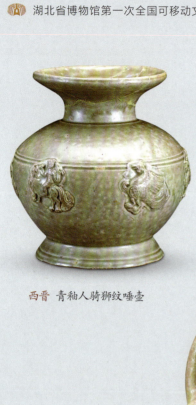

西晋 青釉人骑狮纹唾壶

西晋 青釉果饰水盂

隋 青釉虎子

唐 灰陶披甲武士俑

唐 陶武士俑

唐 青釉十二辰蛇俑、鼠俑

汉至隋唐时期出土陶瓷器统计表（以武汉地区出土为主）

时 期	地点墓葬	墓葬 数量 / 个	数量 / （件/套）
汉	武昌大东门车站铁路边采集、武昌任家湾 M113（5 件）、武昌钵盂山 M381（2 件）、随州市博物馆调拨（4 件）、宜昌市博物馆调拨、鄂州市博物馆调拨、恩施州博物馆调拨（3 件）	2	17
西汉	武昌任家湾 M113（2 件）、襄阳市博物馆调拨（1 件）	1	3
东汉	武昌任家湾 M113（7 件）、武汉 M20（3 件）、武汉 M425、武汉 M480、鄂州市博物馆调拨（8 件）、襄阳市博物馆调拨（2 件）、随州市博物馆调拨（1 件）、恩施州博物馆调拨（2 件）	4	25
三国	武昌莲溪寺 M475，武昌任家湾 M113（11 件），武汉 M398，武汉周家大湾 M202，武汉市（3 件），武昌钵盂山 M226、M303（5 件），鄂州市博物馆调拨（18 件），襄阳市博物馆调拨（2 件）	6	43
晋	鄂城武黄公路	1	1
西晋	鄂城武黄公路（5 件）、鄂州市博物馆调拨（10 件）、老河口市调拨（2 件）、宜昌市博物馆调拨（1 件）	1	18

时　期	地点墓葬	墓葬数量/个	数量/（件/套）
东晋	武沙 M75：1、M75：4，武汉 M381（2 件），武汉 M224，武昌何家垅 M68，鄂州市博物馆调拨（3 件）	4	9
南朝	武昌汽轮车间 M535：1、M535：34，武汉 M514，武汉何家垅 M75（2 件），武汉何家垅 M74，武昌大东门 M203，武昌何家垅 M51，鄂州市博物馆调拨（2 件）	6	10
隋	武汉 M5、M13（2 件）、M22、M23（2 件）、M34、M64、M76、M84、M96、M100（9 件）、M131（7 件）、M136（13 件）、M142、M184、M186、M305、M466（4 件）、M478、M480、M495（2 件）、M506、M517（16 件），武昌 M119（9 件）、M153（6 件）、M209（3 件）、M425、M446（6 件）、M531（9 件），武汉市马坊山 M22（23 件）、M27（7 件）、M30（3 件）、M52，武汉瓦屋垅 M480（12 件），武汉珞珈山 M129（2 件），武汉龙尾山 M3、M4（8 件），武昌钵盂山 M223（4 件）、M232（4 件）、M266、M282、M331（2 件）、M350（22 件）、M494，武昌珞家山 M128，武昌蔡家咀 M1（3 件），武昌大何家湾 M127（3 件）、M155（2 件）、M170，武昌周家大湾 M142（15 件）、M176（10 件）、M242（4 件）、M243（4 件），武昌重型工具厂 M530（7 件），武昌万家湾 M2、M5（5 件），武昌中北路中学 M1A，武汉何家山地 M52（2 件），武昌土公山 M494，武昌何家垅 M448（4 件），武昌瓦屋垅 M507（8 件），武昌天子岗 M513（3 件），汉阳马仓湖 M534	62	271
唐	武汉市 M35、M86、M97、M103、M121、M142、M153、M161、M162、M169（2 件）、M179、M202、M216、M218（5 件）、M233（2 件）、M243、M253、M254（4 件）、M270、M309、M334、M359（2 件）、M371、M398（2 件）、M409（3 件）、M432、M436、M495、M498（3 件）、M504，武昌 M96、M179（4 件）、M180（6 件）、M210（3 件）、M215（3 件）、M428、M527（10 件），武昌桂子山 M143（2 件）、M49（7 件）、M138（12 件）、M146（2 件）、M147、M156（2 件）、M162（47 件）、M163（15 件）、M192（3 件）、M194（3 件）、M306（8 件）、M457（31 件），武昌钵盂山 M191（6 件）、M216（57 件）、M217（23 件）、M219（8 件）、M226（2 件）、M233（2 件）、M236（5 件）、M237、M250（3 件）、M251（2 件）、M253（28 件）、M255（12 件）、M256（2 件）、M258、M259（2 件）、M264（33 件）、M270（38 件）、M275（6 件）、M276（17 件）、M277（3 件）、M278（3 件）、M280（34 件）、M283（4 件）、M285（7 件）、M286、M290、M331、M334（18 件）、M339、M340（2 件）、M342（3 件）、M352（2 件）、M359（63 件）、M370（2 件）、M376（3 件）、M378（9 件）、M379（42 件）、M382（9 件）、M386（3 件）、M389（11 件）、M395（12 件）、M401（88 件）、M403（3 件），武汉何家垅 M61（3 件）、M70（2 件）、M76（31 件）、M80（5 件）、M85（2 件）、M86（5 件）、M107（5 件）、M184（7 件）、M185（12 件）、M189（13 件）、M196（5 件）、M441（11 件），武汉市梁子湖（3 件），武昌周家大湾 M247（4 件）、M445，武昌马坊山 M9（10 件）、M13（51 件）、M25（2 件），武昌任家湾 M54（5 件）、M110（5 件），武昌姚家岭 M37（7 件）、M495（15 件），武昌晒湖堤 M41（2 件）、M45（2 件）、M46（2 件）、M47（2 件），武昌小龟山 M434（61 件），武昌瓦屋垅 M432（3 件）、M482（2 件），汉阳稻草湾 M505（6 件），武昌万家湾 M5，武昌大何家湾 M152（10 件）、M158（2 件），武昌天子岗 M510（3 件），武昌瓦屋湾 M436（3 件），汉阳马仓湖 M534（3 件），武昌马坊山 M26（2 件），武汉涂家岭 M426（2 件），武昌大东门 M331，武昌大东门外长春观 M20，郧县博物馆调拨（2 件）	132	1093
合计		219	1490

四、考古所出土文物库

该库保管的出土文物由魏渝、赵雄、雷雨等同志负责保管、清理、普查。

1. 类别

通过此次文物普查，已基本理清账目，共有藏品7644件/套，种类繁多，几乎涵盖了所有类别的文物（书画、古籍除外）。其中陶瓷器类有1458件/套，铜器类有1774件/套，玉石器、宝石类有430件/套，金、银、铁、锡等金属器类417件/套，漆木器类有188件/套，标本、化石类有262件/套，石器类有352件/套，杂项类有2763件/套（包含铜钱2664枚）。

2. 级别

该库房共有藏品7644件/套，其中一级品335件/套，二级品589件/套，三级品3441件/套，一般文物2647件/套，未定级文物632件/套。

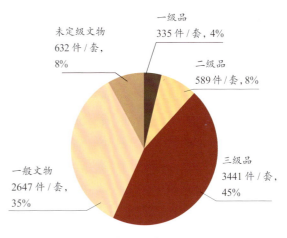

未定级文物
632件/套，
8%

一级品
335件/套，4%

二级品
589件/套，8%

三级品
3441件/套，
45%

一般文物
2647件/套，
35%

文物级别统计图

3. 年代

该库藏品在年代上跨度很大，几乎所有时代（朝代）的文物都有，从旧石器时期化

旧石器时期晚期 汉阳人头盖骨化石

旧石器时期 郧县人头骨化石

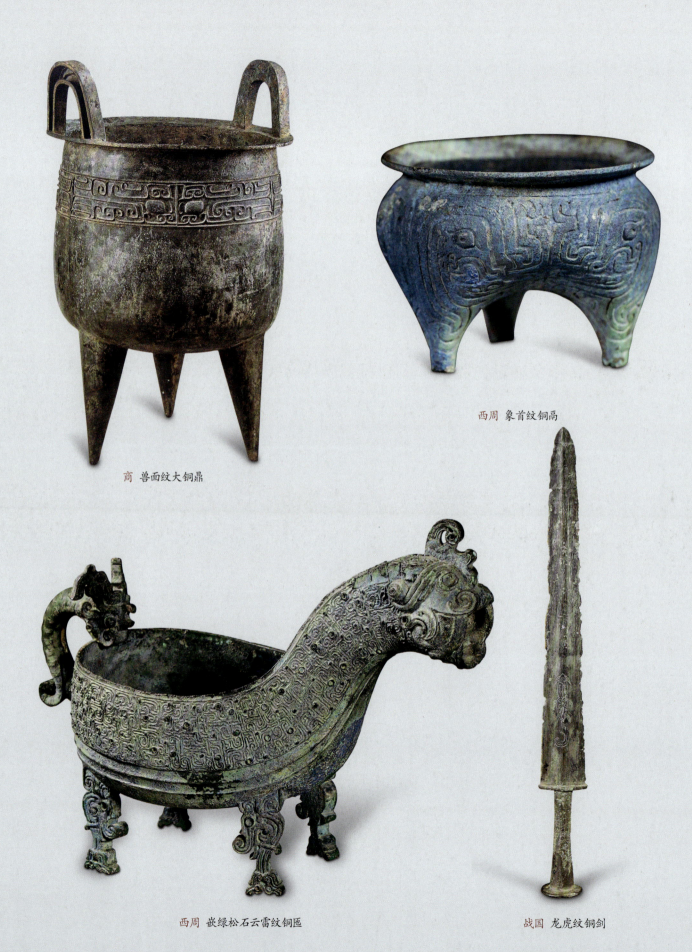

商 兽面纹大铜鼎

西周 象首纹铜鬲

西周 嵌绿松石云雷纹铜匜

战国 龙虎纹铜剑

春秋　"邓公孙"铭文铜鼎

战国　铜天平、砝码

新石器时期　石家河文化石刀

新石器时期　玉璜

西周　箭镞石范

西周　斨石范

春秋 玉琮

春秋 龙纹玉玦

春秋 羊首玉觿

春秋 卷云纹玉管

战国 木俑

秦 彩绘漆樽

秦 兽首凤形漆勺

秦　彩绘猪鸟、鱼纹漆扁壶

西周　原始瓷豆

春秋　磨光刻划纹黑陶罐

唐　长沙窑青釉褐斑双系罐

明　永乐青花瑶台赏月图瓷锺

石、动物标本、砍砸石器等开始，一直到晚清民国的陶瓷器。经整理统计，旧石器时期的文物有212件/套，新石器时期有882件/套，商至西周时期有739件/套，春秋战国时期有1766件/套，秦汉时期有2821件/套（其中钱币有2637枚），三国至五代时期有120件/套，宋元时期有119件/套，明代有560件/套，清至民国时期有30件/套，另未定年代藏品有395件/套。

考古所出土文物库所藏文物主要集中在石器时期到战国时期以及明代（秦汉时期以大量钱币为主）。旧石器时期主要以石器和动物化石标本为主，其中郧县人头骨化石距今约100万年，这个重要发现说明中国也是早期人类发祥地之一，从而改变了国际学术界长期以来所持的关于"南方古猿"在非洲演化生成并进而演化为早期人类的看法。这给人类发展史研究提供了珍贵的实物证据，填补了中国古人类学研究的一个空白。

新石器时期遗存包含城背溪文化、大溪文化、屈家岭文化、石家河文化等遗存，有石器、陶器、骨器、玉石器、动物牙齿等，其中秭归东门头出土的城背溪文化"太阳人"石刻是我国目前已知最早的对太阳崇拜的图案。商至西周时期，盘龙城遗址出土了数百件商代青铜器、陶器、玉器、石器和骨器等遗物，制作精美，花纹别致，其中一件94厘米长的大玉戈为2002年国家文物局公布首批64件禁止出国（境）展览文物。盘龙城遗址的发现不仅揭示了商文化在长江流域的传播与分布情况，还为研究中国古代文化面貌、城市布局与性质、宫殿形制及建筑技术提供了极其重要的依据。春秋战国时期，作为楚国的故地，湖北得天独厚，出土的文物品种非常丰富，有青铜器、铁器、铅锡器、玉石器、玻璃料器、漆木器、竹简、石器、陶器、骨器、墨等，其中郭店楚墓出土的《老子》简应是目前最早的版本。到了秦汉时期，除了一大批铜钱外，还有漆木器、竹简、青铜器、银器、铁器、陶器等。秦汉墓出土了大量的漆木器和简牍，特别是云梦睡虎地出土的简牍尤为重要和珍贵，学术研究价值极高，为秦的社会、经济、法律、军事、文化、风俗等方面研究提供了新的史料。三国六朝至隋唐五代时期，有陶瓷器、铜镜、银器、石器等。宋代主要以武昌青山窑出土的一批青白瓷为主，青山窑是湖北省经过科学发掘的第一座古代瓷窑遗址，其意义远远超过了发掘所得材料本身。青山窑的发掘，使湖北陶瓷考古的盖然性被揭开了，历史上长江上游和下游、中国南方和北方古代陶瓷生产系列在长江中游地区的断层，从而得到了弥合。

元明时期，主要以明代梁庄王墓出土的文物为主。梁庄王墓是一座王与妃的合葬墓，随葬品极为丰富，有金、银、玉、瓷、铜、铁、铅锡、漆木、陶、石、骨角器及串珠宝石等，实际数量共计5100余件，其中金、银、玉器实际数量有1400余件，珠饰宝石实际数量则有3400余件，均保存完好。器物种类繁多，尤以金、银、玉器和金玉首饰、冠带和佩饰最为亮丽，仅用金量便超过10千克。一座墓随葬如此多的金银珠宝，在已发现的亲王墓中未见，仅次于明代皇陵——定陵，是继定陵之后的又一重要考古发现。

通过此次普查，将馆藏的盘龙城遗址出土的文物进行了梳理和统计，共计717件/套，包括杨家湾出土文物170件/套，墓葬10座；王家嘴出土文物135件/套，墓葬2座；李家嘴出土文物140件/套，墓葬7座；杨家嘴出土文物82件/套，墓葬11座；楼子湾出土文物68件/套，墓葬11座；童家嘴出土文物7件/套，墓葬1座；南城外出土文物9件/套，墓葬1座；西城垣出土文物6件/套，墓葬1座；还有各地点采集到的文物91件/套；另外9件/套文物，由于湖北省文物考古研究所移交过来时原始资料不够详细，单独存放了3个地点，但它们应该也是上述几个遗址中出土的。

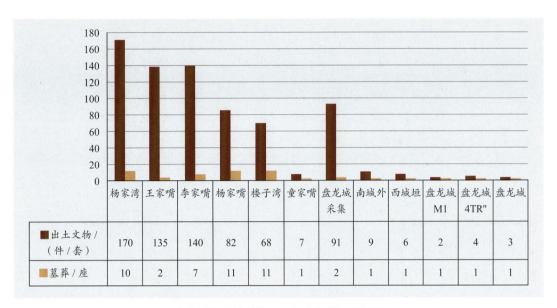

	杨家湾	王家嘴	李家嘴	杨家嘴	楼子湾	童家嘴	盘龙城采集	南城外	西城垣	盘龙城M1	盘龙城4TR"	盘龙城
■出土文物/（件/套）	170	135	140	82	68	7	91	9	6	2	4	3
■墓葬/座	10	2	7	11	11	1	2	1	1	1	1	1

盘龙城各遗址墓葬、出土文物数量统计图

馆藏的717件/套盘龙城遗址出土文物按类别统计，其中青铜器共345件/套、玉器92件/套、陶器157件/套、石器121件/套，还有1件卜骨和1件蚌刀。

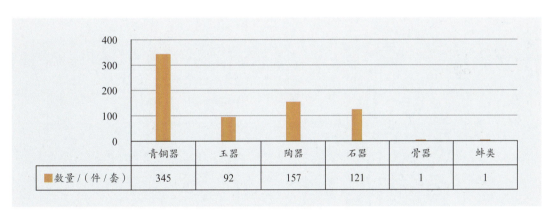

	青铜器	玉器	陶器	石器	骨器	蚌类
■数量/（件/套）	345	92	157	121	1	1

盘龙城遗址出土文物类别统计图

根据统计图结果也可看出，在所有类别中，青铜器数量占有绝对优势，这也符合商王朝已经进入青铜文明的时代特征。在青铜器方面，盘龙城遗址有着与郑州商文化的共同点：发达的青铜铸造业。出土了大批的青铜礼器、兵器和工具。礼器中的瓿、爵、斝、盉、卣、尊、罍、鼎、鬲、甗、簋和盘的形制与商文化的同类器相似；兵器中的戈、矛、钺、刀、镞和工具中的锛、锛、斨、凿都是商文化中所具有的，包括兽面纹、夔纹、联珠纹、涡纹和弦纹等纹饰。而湖北大冶矿区为我国五大铜矿基地之一，铜绿山矿冶遗址据 ^{14}C测定，至迟自商代就已开始采矿，那么盘龙城在商代是否为南方青铜器铸造的基地，其矿产原料是否全部或部分来自大冶铜绿山？相信通过更多遗址的发现和科学的检测，一定能得出令人期待的答案，这也是对盘龙城遗址进行研究的意义之一。

商　兽面纹铜尊

商　玉璇玑

商　兽面纹铜斝

商　玉隼形饰

春秋　兽面玉饰

战国　漆剑盒

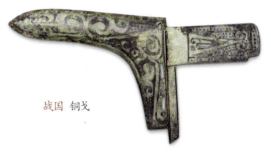

战国　铜戈

战国　宽叶铜矛　　　　　战国　错金铜戈镈　　　　　战国　暗纹铜牌饰

唐 长沙窑青釉瓜棱双系注子

宋 青白釉弈棋枕

元 金镶宝石白玉镂空云龙帽顶

明 金盂

明 青白玉镂空云龙纹带

明 正统二年金锺盖

明 金爵

明 洪熙元年金执壶

明 云形金累丝镶宝石青玉镂空鸾鸟牡丹簪

明 金凤簪

明 永乐青花龙纹瓷锺

五、传世文物库

该库文物由杨燕、赵丹、李宗华等同志负责，并有部分志愿者参加。

根据普查数据统计，传世文物组共完成14695件/套（实际数量20780件）可移动文物的信息采集、器物拍摄、编目入藏、数据登录、上传、复核等工作。

1. 类别

按文物类别统计，传世文物品类繁多，包罗万象，各个门类的文物均有收藏。其中数量最多的四个类别分别是：钱币8458件/套，数量占比约57.56%；瓷器2203件/套，数量占比约14.99%；铜器1361件/套，数量占比约9.26%；玺印符牌994件/套，数量占比约6.76%。以上四类合计13016件/套，数量占比约88.57%。

清 白玉连环子母桃盒

清 雕漆勾莲梵文铜里高足碗

清 张之洞制烟缸

文物类别统计表

类　别	数量/(件/套)	类　别	数量/(件/套)
标本、化石	1	陶器	918
玻璃器	1	铁器、其他金属器	3
瓷器	2203	铜器	1361
雕塑、造像	32	文具	152
珐琅器	24	玺印符牌	994
古籍图书	1	牙骨角器	14
金银器	1	甲骨	127
漆木器	29	玉石器、宝石	38
钱币	8458	织绣	100
石器、石刻、砖瓦	185	竹木雕	53
总计		14695	

2. 年代

按文物年代统计，传世文物基本涵盖了从新石器时期至近现代各个时期，其中宋代、清代、中华民国时期数量最多。宋代1722件/套，数量占比约11.7%；清代4203件/套，数量占比约28.6%；中华民国2766件/套，数量占比约18.8%。以上四类合计8691件/套，数量占比约59.1%。

3. 级别

按文物级别统计，一级文物14件/套，数量占比约0.1%；二级文物211件/套，数量占比约1.44%；三级文物2179件/套，数量占比约14.83%；一般文物8301件/套，数量占比约56.49%；未定级文物3990件/套，数量占比约27.15%。

文物级别统计图（件/套）

4. 来源

按文物来源统计，拨交10322件/套，数量占比约70.2%；移交3172件/套，数量占比约21.6%；旧藏797件/套，数量占比约5.4%；征集购买325件/套，数量占比约2.2%。以上四种方式是传世文物的主要来源途径，合计14616件/套，数量占比约99.5%。

清 瓷塑描金十八罗汉

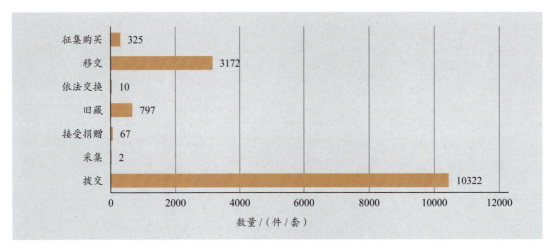

文物来源统计图

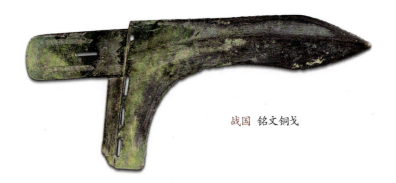

战国 铭文铜戈

汉 "万年千秋宫"瓦当

东汉 黑青釉五联罐

汉 "千秋万岁"瓦当

明　白玉佛像

明　铜佛头

明　石佛头

明　鎏金铜玄武

明　掺金长方铜炉

清　黄杨木雕八仙

清　黄色纱纳金龙袍

清　春风得意白玉挂件

清　嵌螺钿人物小漆盘

20世纪50年代以来，传世文物库相继接收了故宫博物院、中南文化部、武汉铁路公安局等单位移交的各项文物，尤其是故宫博物院为了充实地方博物馆馆藏，给我馆调拨了一批官窑瓷器、丝织品、玉器、漆器等，极大地丰富了传世藏品的种类，提升了传世品的档次。

传世文物库还接收了著名收藏家徐行可、杨守敬、殷屏香等捐赠的印章、书版、铜镜、家具等文物。近年来，还陆续征集了一批画像砖、紫砂器、民俗文物、瓦当、近代陶器（马口窑）、瓷器等。

5. 完残程度

按完残程度统计，完整12032件/套，数量占比约82%；基本完整2243件/套，数量占比约15%；残缺420件/套，数量占比约3%。总体而言，传世文物库文物保存状况较好，残缺文物可以根据实际情况列入修复计划。

完残程度统计表

完残程度	数量/（件/套）
完整	12032
基本完整	2243
残缺	420

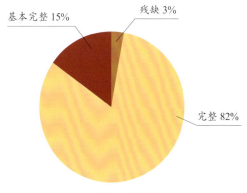

完残程度统计图

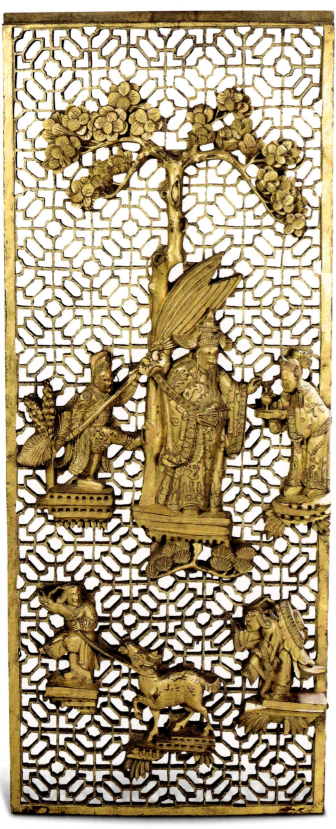

清　木雕通花人物描金窗花板　　　　　　　清　木雕通花人物描金窗花板

清　雕漆仙人桃式盒

清　雕漆花果纹小圆盒

六、书画文物库

该库由王晓钟、王倚平、周璐等同志负责，并有部分志愿者参加。

书画文物库在此次数据库信息建设过程中，顺利完成数据整理、文物拍照，录入书画、碑帖、邮票等各类藏品信息共计100180件/套，其中邮品类文物84799件/套、碑帖拓本类文物11120件/套、书法绘画类文物4261件/套。该组的工作任务是根据已有的部分文物数据信息，按照本次普查的要求，整理、补充、完善、拍摄、录入文物信息。基本情况如下。

文物类别统计表

类　别	数量（件/套）
书法绘画类	4261
碑帖拓本类	11120
邮品类	84799
总数	100180

1. 类别

书画组文物类别大致分为三类。

（1）书法绘画类

所藏书法绘画类文物基本涵盖了明清主要流派书画家的作品，如明代浙派、吴门画派、松江派和武林派等流派的山水画、花鸟画和人物画，还有风格迥异的明清书法作品以及近现代的一些名家作品。

（2）碑帖拓本类

历代碑帖是一座宝库，其内容涉及政治经济、宗教哲学、风俗民情、文学艺术，可与史籍互相补证。馆内收藏的各个时代碑帖万余件，有宋拓、明拓、清拓和民国时期所拓。

（3）邮品类

馆藏邮票均为旧藏，此次整理、采集、登录，共84799件/套。

2. 级别

书法绘画类文物，一级文物114件/套，二级文物203件/套，三级文物2297件/套，一般文物1647件/套。

碑帖拓本类文物，一级文物3件/套，二级文物104件/套，三级文物2391件/套，一般文物8622件/套。

邮品类文物全部为一般文物，共84799件/套。

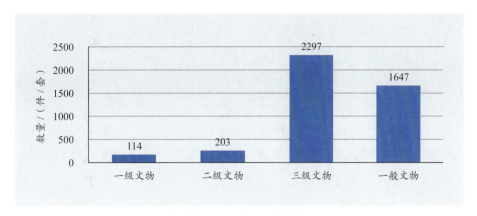

书法绘画类文物级别统计图

清末民初　姚叔平《山水》横披

故夫夸目者尚奢，愜心者貴當，言窮者無隘，論達者唯曠。詩緣情而綺靡，賦體物而瀏亮。碑披文以相質，誄纏綿而悽愴，銘博約而溫潤，箴頓挫而清壯，頌優游以彬蔚，論精微而朗暢，奏平徹以閒雅，說煒曄而譎誑。雖區分之在茲，亦禁邪而制放。要辭達而理舉，故無取乎冗長。其為物也多姿，其為體也屢

清 顾印愚《行书》轴

3. 质地

书画类藏品多以纸质为主，部分为绢丝材质和布面。

4. 年代

所藏主要以明清、近现代书画家的作品为主。明以前书画较少，主要有敦煌经卷，如《大智度论》卷第卅三、《佛顶尊胜陀罗尼经》（附心经）等，最早到北朝时期，多件内部有康有为题跋，其中大部分与一位名叫徐金声（1874～1958年）的人有关。另有65件日

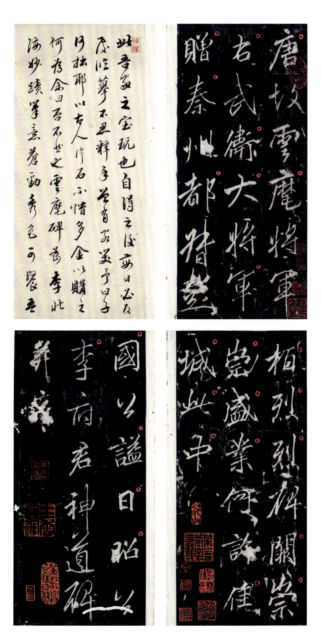

宋拓 李府君神道碑

仙人唐公房碑

本经卷，主要为12世纪的写本，如《秘密灌顶位》等，是杨守敬出使日本期间获得带回，多为日本高山寺文书典籍。绘画作品则为南宋《无款灌足图》斗方、元姚廷美《溪阁流泉图》斗方，二者虽为山水人物小景，但是不可多得的佳作。碑帖拓本则有《李府君神道碑》的宋拓版本，此碑全称《唐故云麾将军右武卫大将军赠秦州都督彭国公谥曰昭公李府君神道碑并序》，亦称《云麾将军碑》，为唐代李邕书。

　　所藏明代文物200余件，其中书画类160余件、碑帖拓本40余件。包含浙派戴进、吴伟、蓝瑛等的作品，戴进《松下观画图》轴，吴伟《雪渔图》中堂，蓝瑛《松山云起图》轴、《仿米家山水》扇面，蓝深《山水轴》等；吴门画派沈周、仇英等的作品，沈周《萱石图》轴，仇英《升仙图》横幅，陆治《采真瑶岛图》扇面，文嘉《墨笔山水竹石》册，张宏《仿陆包山山水》扇面，张凤仪《墨笔山水》轴，陈元素《墨笔山水》轴，尤求《白描罗汉》册，恽向《山水书画》合册、《墨笔山水》扇面，沈颢《山水》轴，盛茂烨《设色山水》扇面，张翀《桐阴清话》轴、《幽谷求音图》扇面等；吴门书家吴宽、王鏊、文徵明等的作品，吴宽《行书谢文太仆送匏研诗》轴，王鏊《行草送贞甫诗》轴，文徵明《行书五言诗》扇面、手札卷、行书诗轴等，吴门书画家《明贤墨迹册》，文彭《小楷广川书跋》册、《草书七言诗》扇面，文点《行书应制诗》扇面，陈淳《草书古诗十九首》卷、《草书》轴，袁褧《行书田家杂兴诗》扇面，顾璘陈沂《行书》诗册，文震孟《行书七言诗》扇面，王稺登《行书义兴杂诗》册，王世懋《行书送友游华山》扇面，王

中华民国　灰棕帆船半分邮票

中华民国　草绿帆船2分邮票

中华民国　橄榄绿帆船4分邮票

中华民国　紫帆船7分邮票

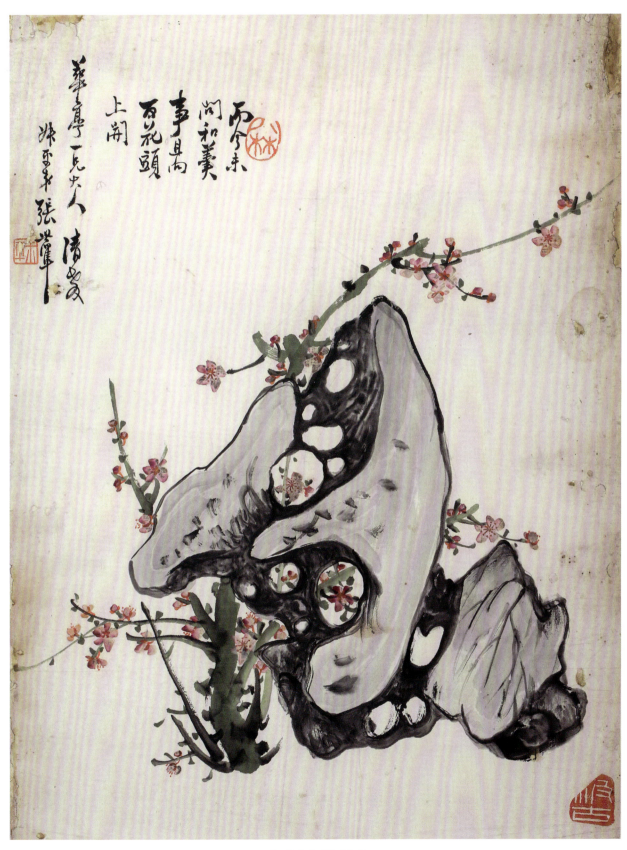

清 张世准《花卉》轴

清 戴鉴《山水》轴　　　　　　　　　　　　　　　近代 陈师曾《山水》轴

近代　吴昌硕《老少年》轴　　　　　　　近代　程瑶笙《紫藤黄鸟》轴

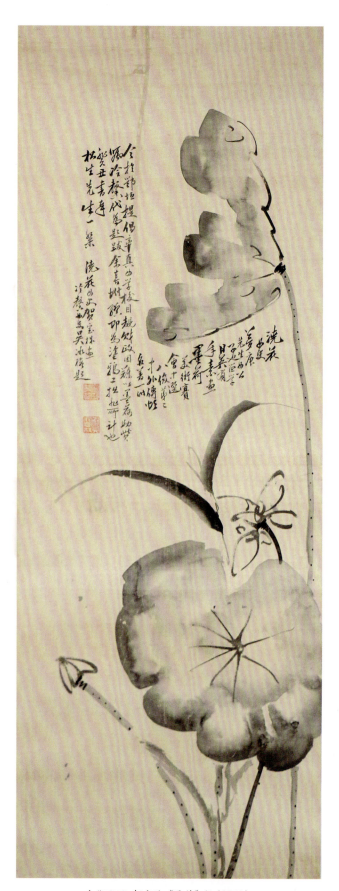

清 司马钟《花鸟》轴

中华民国 贺宝林《墨荷》轴（绢丝）

世贞《行草写乐府词》册，恽向《临阁帖》册等；华亭画派董其昌、沈士充等作品，董其昌书画作品20件、沈士充《墨笔云山》扇面、陈继儒《设色红梅轴》等书画4件、杨文骢《墨笔山水》轴、程正揆《浅绛山水》轴、莫是龙《行书观音呪四段》卷、莫如忠《行书五言诗》扇面、陆深《致家人朋友》手札等；明代官宦学者王守仁等的作品，王守仁《行书良知诗四绝》卷、王畿《行书诗》册、罗洪先《行书王阳明语录》中堂、王璲《行书五言律》扇面、叶向高《草书逍遥游篇》卷、张溥《诗》卷、朱正己《临怀素草书千字文》册、刘符赤《大草七律》轴、确山刘氏兄弟《诗》卷、邵宝贞《行书点易台铭诗》卷、归庄《草书五言律》扇面、聂大年《诗札》册、焦源溥《草书》卷、洪承畯《草书》轴、项圣谟《三招隐图》卷，以及魏之璜、张鹏、林天素、周思玉等人画作等。明代拓本有《宝贤堂法帖》《智永正草千字文帖》等。

南宋　《无款濯足图》斗方

元 姚廷美《溪阁流泉图》斗方

明　吴伟《雪渔图》中堂

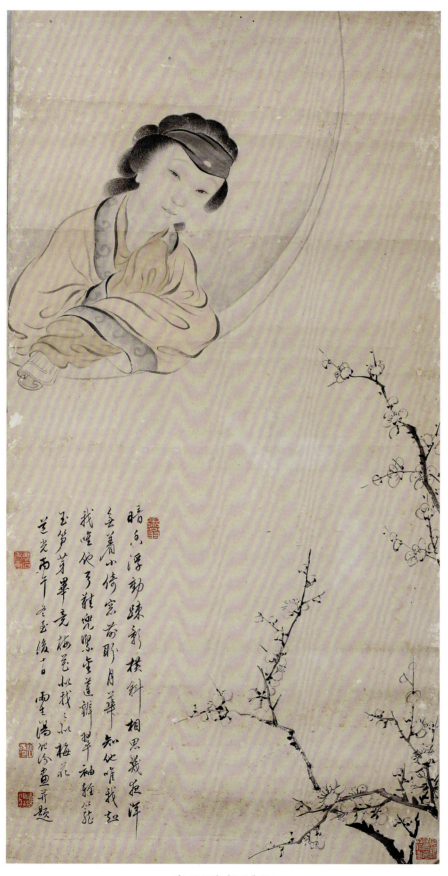

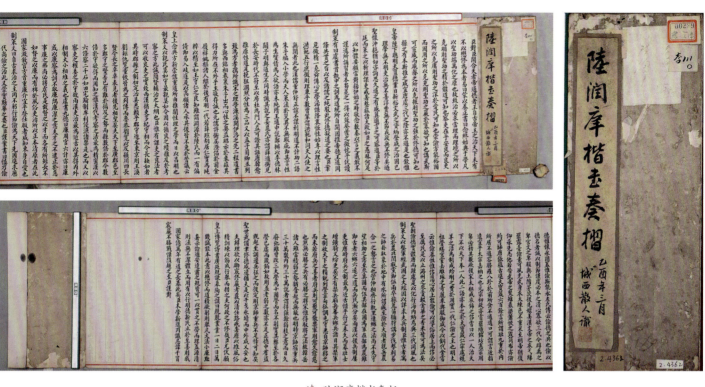

清　陆润庠楷书奏折

　　所藏清代文物书画类近2000件、碑帖拓本6000余件。包含四王作品，王时敏《墨笔山水》扇面、王鉴《浅绛山水》轴、王翚绘画作品6件等；四王体系绘画作品，王敬铭《山水》轴、张洽《山水》册、王宸《山水》轴、张庚《山水》扇面、黄均《浅绛山水》扇面、戴熙《山水》团扇、姜筠《溪屋论古》轴等；四僧作品，八大山人《鱼鸟石图》轴、《鸟石》扇面等绘画2件，以及髡残《墨笔山水》轴。另有明代遗民画家傅山《山水》册等；还有清代宫廷绘画作品，高其佩《山水》轴，李世倬《山水》轴，焦秉贞《婴戏图》屏，董邦达《仙山楼观》轴，王武《芙蓉小鸟》扇面、《花卉》册，以及张宗苍成亲王《书画合璧》卷、余省《松竹》扇面等；金陵画派作品，胡慥《月季小鸟》扇面、龚贤《墨笔山水》扇面、高岑《临刘松年浅绛山水》轴、王蓍《画松图》轴、施霖《观瀑布图》扇面、周璕《墨龙》轴等；新安画派作品，丁云鹏《松下纳凉》轴、查士标《山水》卷、戴本孝《书悠然阁牡丹词》轴、李流芳《小楷杜子美诗》扇面、梅清《行书春草阁诗》轴等；扬州画派作品，郑板桥《墨竹通景》屏、高凤翰《花果》轴、《左臂行书》轴，另有金农《画》册、边寿民《午节花卉》横幅、边寿民《芦雁》轴、罗聘《人物》册页、黄慎《采芝图》轴、黄慎《接福图》轴、黄慎《草书》轴、郑板桥《行书四言》联、李世佐《墨笔山水》册、闵贞《寻梅图》轴、袁耀《山水》册、袁耀《山水通景》屏、蔡嘉《人物花卉》册、王素《农闲平话图》横幅、虞蟾王素《合写茶听阮图》轴等；镇江画派作品，张崟《山水画》2件，以及潘恭寿《山水》轴、潘思牧《兰亭流杯图》中堂等；清代其他画家作品，沈铨《三猿图》轴、诸昇《竹》轴、朱龄《墨笔花卉》册、金建《画菊》册、童钰《梅花》轴2幅、尤荫《幽窗清供》扇面、张敔《五瑞图》轴、张廼耆《墨笔花鸟》屏、吴补之《春水鸳鸯图》轴等。

明　沈周《萱石图》轴　　　　　　　　　　明　蓝瑛《松山云起图》轴

明　戴进《松下观画图》轴

明清之交书法作品，傅山《草书》轴，高世泰《行书》扇面，戴本孝《书悠然阁牡丹词》轴，王铎《草书赠丁野鹤诗》卷、立轴、扇面等书法7件，黎元宽《行书诗》轴、王弘撰《行书》轴、施闰章《行书怀友诗》扇面。康熙乾隆时期作品，玄烨《御书》轴，秦松龄《正书五言诗》扇面，李光地《行书鹅湖书院四贤记》卷，沈荃《临米襄阳行书》卷、《行书》扇面等2件，桐城方苞姚鼐《诗》册，毛奇龄《评荆山游记》册，王项龄和孙嘉淦《易经讲章正楷》卷，宋荦《赠友行书诗》扇面，李东阳《行草七言诗》扇面2件，高士奇《行书梅花诗》扇面，杨宾《五言诗》扇面，笪重光《临山谷行》轴，姜宸英《楷书》扇面，汪士鋐《行书》扇面，何焯《行书醉歌》扇面，纳兰成德《正书词》扇面，张照《临米襄阳行书》中堂等2件，沈德潜等方氏《家谱序墨迹》册，徐光启《行书寿诗》扇面，祁豸佳《行书五言诗》扇面，郭都贤《行书海棠催妆诗》轴，孙承泽《小楷千字文》册，王澍《楷书易经》卷，刘墉《行书》立轴、手卷、对联共7件，王文治《行书五言》联，翁方纲《行书》手卷、行书诗轴等2件，永瑆《楷书》轴、《行书旧作》卷等3件，梁同书《行书》轴、《行书》卷等2件，铁保《字》册，李御《妙墨》册，王杰《行书》轴，钱大昕《草隶七言》联、《行书》扇面等2件，姚鼐《行书诗》轴、《行书七绝句》扇面等2件，桂馥《隶书五言》联等。嘉道后金石书家作品，陈澧《行书八言》联等书法2件、杨沂孙《篆书七言》联、何绍基《行书七言》联、莫友芝《篆书》轴、邓石如《隶书》横幅、奚冈《草书》轴、伊秉绶《行书》轴、姚元之《隶书七言》联、吴熙载《正书七言》联、陈鸿寿《梅花》轴等。

近现代书画作品中，收藏有湖北籍或在湖北长期生活、为官的著名已故书画家作品和名人墨迹，有陈曾寿、杨守敬、张裕钊、王柏心、黄侃父子、汤文选、邵声朗等的作品。另外所藏与辛亥革命有关的书画作品的特点突出，有大量参与辛亥革命志士或辛亥革命志士后人的书画和墨迹等。

清 王时敏《墨笔山水》扇面

清 王翬《山水》册（部分）

清 何维朴《山水》轴　　　　　　　　　　　清 黄元吉《篆书四言》联

清　黄岫谷《鱼》轴　　　　　　　　　　清　朱偁《花鸟》轴

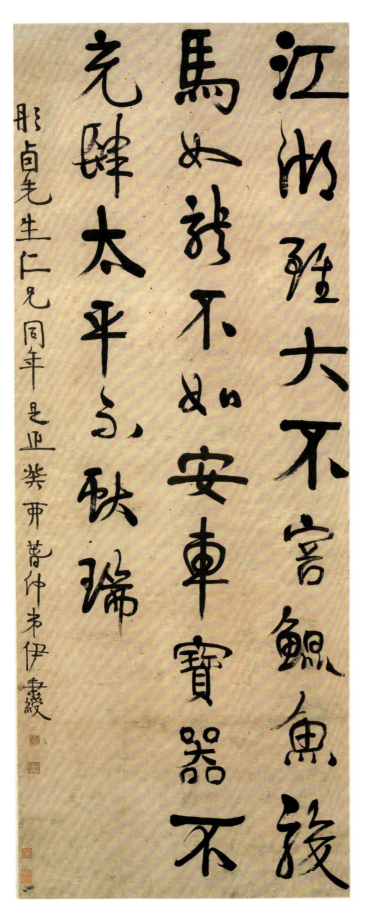

江湖雖大不害鯤魚後
馬如龍不如安車寶器
元帥太平号畝瑞

彤貞先生仁兄同年足正樊茀昔仲弟伊秉綬

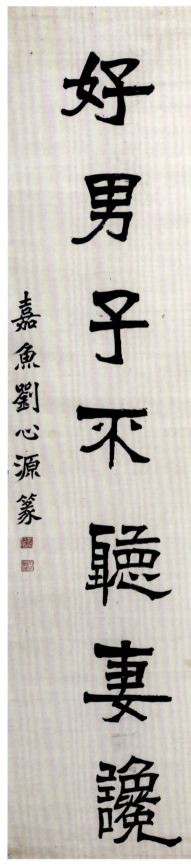

清　刘心源《隶书七言联》

清　陈鸿寿《梅花》轴

清 杨守敬《行书杜工部秋兴八首》卷

清 杨守敬《行书八言》联

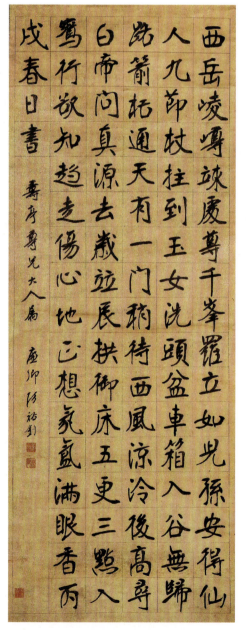

清 张裕钊《墨迹》轴

清 杨守敬《行书》团扇

清 张裕钊《行书》团扇

清 张裕钊《楷书张母墓志》轴

近代　黄侃《行书》横披

近代　沈肇年《隶书夏承碑》轴

近代　曾熙《人物》轴

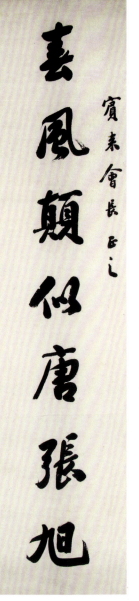

近代　黎元洪《行书七言》联

近代　沈塘《山水》轴

现代 汤文选《黄花有意凌寒色图》

现代 汤文选《秋残菊傲霜图》

现代 汤文选《狂啸兴风会有时图》

现代 汤文选《双雄图》

5. 来源

书画类文物来源主要有两大类：一为调拨，如20世纪50～60年代，从武汉市文管会、中南文化部、中南土展部、湖北省文史馆等地调拨来的部分文物。

二为社会捐赠，大宗捐赠有徐行可、晏石卿、杨先梅等。其中，徐行可家人在我馆建馆之初所捐赠的藏品，在数量和质量上都是上乘的。包括元明清人画卷、册页、扇面、手札、楹联、金石拓片、拓本碑帖等文物共7000余件，均为珍贵的历史文物和书画艺术珍品。其中被定为国家一级文物的就有明末四大书家之一董其昌书画作品12件、明代"江夏画派"创始人吴伟书画精品等，是书画库重藏之一。20世纪70年代杨守敬之孙杨先梅将家中所藏文物捐给我馆。

主要捐赠人统计表

时 间	捐赠人	捐赠数量／(件／套)
1956 年	晏石卿	300 余
1965 年	徐行可	7000 余
1965 年	秦鸿铃	60 余
1971 年	杨先梅	2000 余

徐行可捐赠文物凭证

清　竹禅《人物》轴　　　　　　　　　　清　陈崇光《山水》轴

清 吴让之《梅花》轴

清 张椠《花鸟》轴

清 杨守敬《隶书七言》联

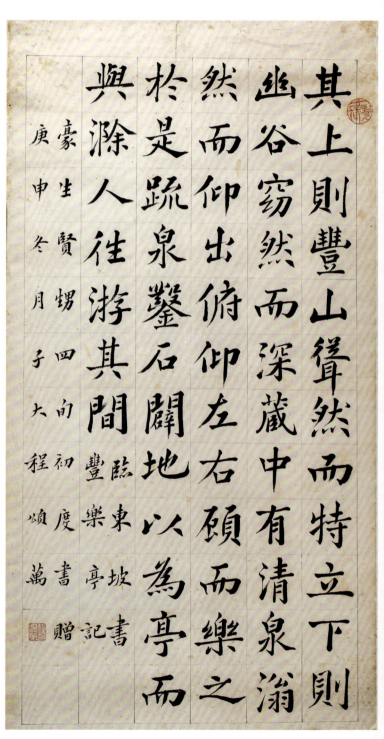

清　吴熙载《花卉》轴　　　　　　　　　　清　程颂万《楷书》轴

近代 王震《山水人物》轴　　　　　近代 李昌誉《山水》轴　　　　　近代 刘西园《人物》轴

6. 入藏时间

书画类文物入藏时间多数在1949～1976年，其后也接受部分捐赠，以及历年的日常征集。

7. 完残程度

书画等纸质类文物，相对较为脆弱，保存环境要求较高，对温湿度、空气质量及光很敏感。比较而言，现当代书画保存状况较好，古代书画保存状况较差，书画类文物残破需修复的近2000件，还不包括碑帖，而馆藏碑帖近12000件，大部分需要装裱修复。其残破状况主要表现为破、残、碎、腐等特征。由于书画修复是慢、精、细活，每年只能修复50件/套左右。原则上，以抢救为第一，先修复非常残破的古字画，不急需修复的只能延后。

清 樊增祥《行书》轴

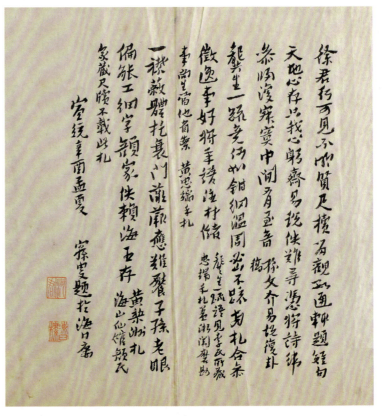

清 沈曾植尺牍

七、近现代文物库

该库由杜洁、陈婕、吴凡等同志负责。经过全组成员的共同努力，本次普查得以顺利完成。普查数据显示，我馆近现代文物总数为16207件/套，基本情况如下。

1. 类别

按类别统计，可分为四个类别：档案文书4621件/套，数量占比约28.5%；文件、宣传品3254件/套，数量占比约20.1%；钱币3115件/套，数量占比约19.2%；名人遗物961件/套，数量占比约5.9%。以上四类别合计11951件/套，数量占比约73.7%。

档案文书为我馆近现代文物的大户。我馆收藏辛亥革命文物近千件/套，其中大部分为原湖北革命实录馆所藏档案文书。武昌起义后不久，在孙武、张振武等倡议下，经时任副总统黎元洪批准，成立湖北革命实录馆，以记录、编纂湖北革命史实。湖北革命实录馆成立后，先后收集武昌起义史料500余件/套，后因战乱，资料曾一度下落不明。1956年，原湖北革命实录馆馆长谢石钦先生去世，其家人将这批珍贵史料交武汉市文史馆，后辗转经湖北省政协拨交湖北省博物馆。这批资料大多为手写本，撰述者都是亲身参加辛亥革命的人士，详细记载了辛亥革命武昌起义前后的重大事件及重要人物事略，是研究辛亥革命武昌起义的第一手资料，十分宝贵。这批档案资料入藏我馆后，当时管理人员一直单独给予"资料号"进行收藏，本次文物普查，将这批辛亥文物全部按"文物号"进行登记入藏。

文物类别统计表

类　别	数量/(件/套)	类　别	数量/(件/套)
碑帖拓本	5	钱币	3115
标本、化石	39	石器、石刻、砖瓦	15
玻璃器	21	书法、绘画	124
瓷器	74	陶器	5
档案文书	4621	铁器、其他金属器	207
雕塑、造像	18	铜器	97
度量衡器	12	文件、宣传品	3254
珐琅器	1	文具	68
古籍图书	556	武器	401
家具	2	玺印符牌	280
金银器	14	牙骨角器	7
乐器、法器	31	音像制品	156
名人遗物	961	邮品	125
皮革	30	玉石器、宝石	7
票据	740	织绣	628
漆木器	3	竹木雕	63
其他	527		
总计		16207	

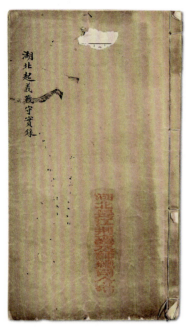

辛亥革命时期　起义战守实录

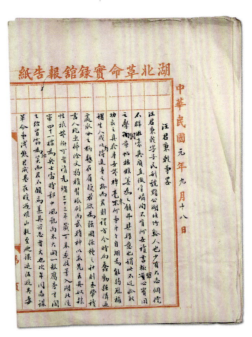

辛亥革命时期　汪秉乾革命事略

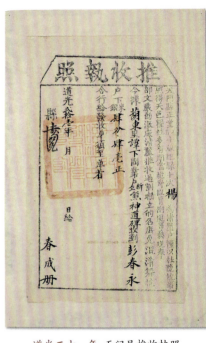

道光二十一年　天门县推收执照

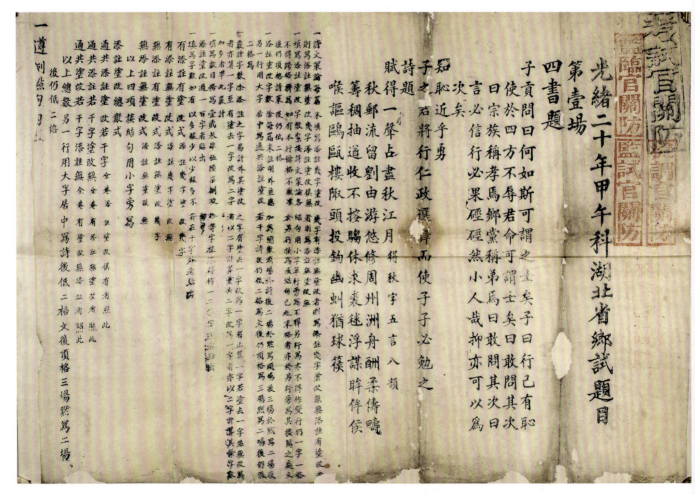

光绪二十年　甲午科湖北考试题

 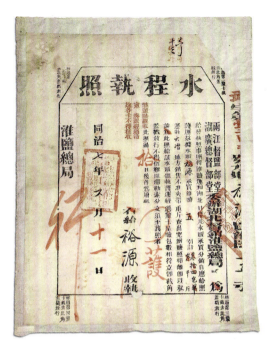

清　汉口后湖土地验丈印收　　　　　　　　清　淮盐总局颁水程执照

太平天国　缂丝金黄地彩色花纹单丝桌围

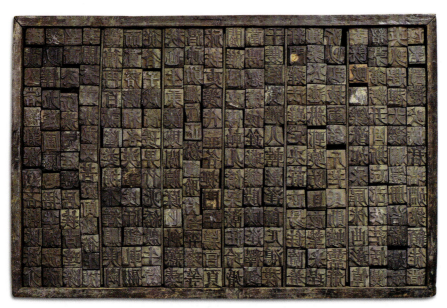

清　活字印刷字模版

1952年 王亚南获中央人民政府任命通知书

1950年 伍献文获周恩来签发的任命通知书

20世纪50年代 卒褂

20世纪50年代 月琴

2. 年代

按文物年代统计，我馆近现代文物包括三个年代：其中清代2209件/套，数量占比约13.6%；中华民国时期8961件/套，数量占比约55.3%；中华人民共和国时期5037件/套，数量占比约31.1%。

我馆中华人民共和国时期文物虽有5037件/套，但绝大多数为新中国初期征集和各地捐赠的反映社会主义建设方面的文物，改革开放后的文物占比非常小。

文物藏品是博物馆业务的物质基础，只有不断地丰富藏品才能不断地促进博物馆业务的开展和社会效益的实现。许多博物馆对近现代文物重要性认识不足，厚古薄今，把距离现实生活很近甚至与生活同步的典型见证物当作文物看待的意识不强，错过了征集近现代文物的最佳时机，从而导致博物馆近现代文物藏品出现时间越近存量越少的问题。

近现代文物藏品的匮乏，必将严重制约博物馆相关的展示和研究，使其教育功能大打折扣，抢救性地征集近现代文物工作日趋紧迫、刻不容缓。我馆虽然为配合"楚天英杰""楚腔汉调"等展览，先后征集了一些近现代文物，但缺乏合理、科学的规划，未成常态。

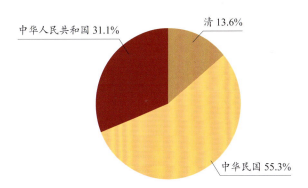

文物年代统计表	
年 代	数量 /(件 / 套)
清	2209
中华民国	8961
中华人民共和国	5037
总计	16207

文物年代统计图

3. 级别

按文物级别统计，我馆近现代文物中珍贵文物共计1334件/套，数量占比约8%；一般文物（含未定级文物）14873件/套，数量占比约92%。

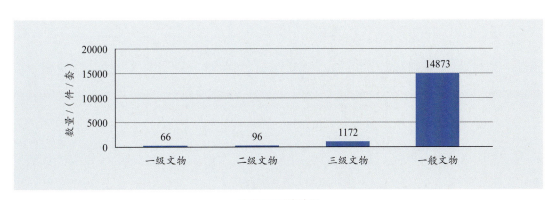

文物级别统计图

太平天国 太平军据守浠水县城时立的"潮阳门"石门匾

中华民国 逸仙军舰纪念章

中华民国 土地税纳税证

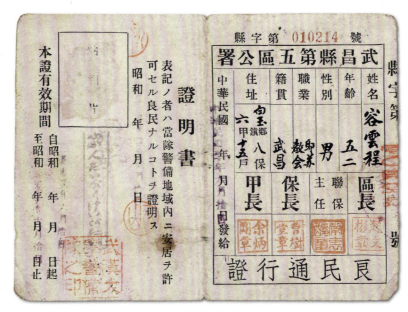
1941年 良民通行证

　　我馆近现代文物的定级工作主要集中在20世纪90年代和21世纪初（国家文物局《近现代一级文物藏品定级标准（试行）》出台前），部分新进文物并未进行定级。同时，由于观念和认识的变化，不少旧藏文物也有重新评估的必要，如当初对与国民党活动相关的文物基本未予定级。文物的定级工作是廓清文物家底的重要基础工作，是加强馆藏文物的保护和管理、完善文物档案的重要保证。因此，对近现代文物进行再次全面定级十分必要。

4. 来源

　　按文物来源统计，主要有以下三种：拨交5994件/套，数量占比约37%；旧藏4805件/套，数量占比约29.6%；接受捐赠3435件/套，数量占比约21.2%。以上三类文物来源合计14234件/套，数量占比约87.8%。

　　征集购买文物共计1623件/套，虽然数量占比仅10%，但2001年以后新入藏的近现代文物中，征集购买是最主要的方式。这说明传统的拨交、采集、拣选、捐赠等征集方式正在弱化。

　　具有历史、科学、艺术价值的近现代文物正在急剧消亡，因此，抢救性地征集近现代文物成为文物征集工作的当务之急。我们对近现代文物的征集应该变被动为主动，最大可能地减少近现代文物的消亡。

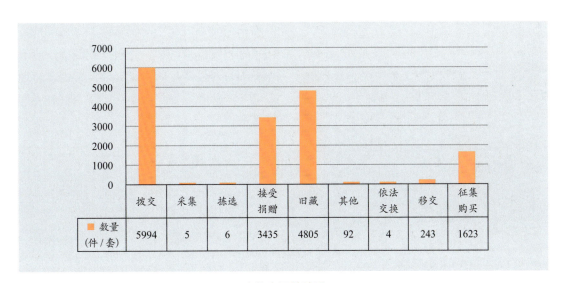

	拨交	采集	拣选	接受捐赠	旧藏	其他	依法交换	移交	征集购买
■ 数量（件/套）	5994	5	6	3435	4805	92	4	243	1623

文物来源统计图

清　京剧米应先木像

1907年　汉阳钢厂相册

入藏时间统计表

入藏时间	数量/(件/套)
1949年10月1日至1965年	5384
1966~1976年	325
1977~2000年	4025
2001年至今	6473
总计	16207

在盛世收藏大潮的影响下，文物收藏人的收藏成本逐渐增加及无偿捐赠意识日趋淡化，有偿的征集购买正逐渐成为新增近现代文物的主要来源。征集经费的匮乏，制约了近现代文物的征集。在博物馆免费开放以前，各博物馆尤其是基层博物馆普遍存在资金不足的现象，人员经费尚难维系，花钱去征集便没了可能性。现在情况逐渐好转，近年来我馆为配合展览有针对性地征购了数百件抗日战争时期文物和汉剧文物，既丰富了展览又补充了藏品。

5. 入藏时间

按入藏时间统计，1949年10月1日至1965年入藏数量5384件/套，数量占比约33.2%；1966~1976年入藏文物325件/套，数量占

20世纪 陈伯华戏服

比约2%；1977～2000年入藏文物4025件/套，数量占比约24.8%；2001年至今入藏6473件/套，数量占比约39.9%。

建馆初近现代文物来源主要为湖北省文物管理委员会、中南文化部、湖北省委办公厅、湖北省粮食厅、湖北省政协、海军文化部干部学校、孝感专署等单位移交文物以及我馆在阳新、红安、麻城、石首、监利等地征集的文物。

"文革"期间由于众所周知的原因，各项工作几乎停滞，仅入藏文物300余件，多为武汉军区拨交。

1977～2000年入藏文物中捐赠文物比重较高。其中董必武长子董良羽先生先后两次捐献董老遗物100余件/套，包括董必武读过的书籍及信件，证件及董必武收藏的人民币票样，第一次代表大会出席证、签到卡等物，弥足珍贵。

1956年 武汉市百货业同业公会庆祝公私合营喜报

1923年 湖北省立第一师范学校证章　　　　　　　现代 董必武同志收藏的钞票样夹

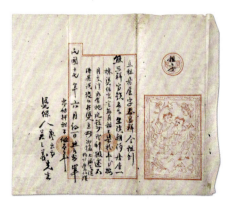

清道光　礼部为熊开阳乐善好施发布的公文　　　　　中华民国　泰昌祥的房屋租约

1921年　震义银行拾圆　　　　　　　　　　1941年　湖北官钱局铜元壹百枚

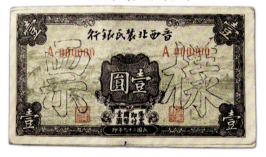

1940年　晋西北农民银行壹圆　　　　　　　1946年　晋察冀边区银行伍百圆

　　1992年，我馆从天门岳口文化馆征得1819件地契。该批地契出自天门岳口镇一个熊氏家庭，自清康熙年间至中华民国时期时间跨度270余年，内容涉及土地买卖、土地租佃、土地质当、商贸经营、借贷等诸多方面，提供了一宗由家庭到宗族，由宗族到地方，甚至在更广阔范围内考察社会变化的相对系统、完整的史料。本次普查对该套地契资料进行了翔实、完整的录入，并由我馆和武汉大学历史学院合作，进行系统的整理、研究，出版了专著。

　　2001年至今入藏文物数量最多。本次普查新入藏文物3310件，其中包括1911~1949年从中央到地方、从官办到民办、涵盖国民党政府、汪伪政府、中共苏维埃政府等数十家银行发行的各类货币2679件，以及中华人民共和国成立前后各级政府发行的粮票、草票、饭票、料票等票据398件。这些钱币、票据是研究中华民国至中华人民共和国成立初期制币史、经济史的珍贵实物资料，具有较高的文物价值。

6. 完残程度

按完残程度统计，完整7795件/套，数量占比约48.1%；残缺6676件/套，数量占比约41.2%；基本完整1726件/套，数量占比约10.6%；严重残缺的数量很少。

湖北省博物馆近现代文物中有机质地文物占比较大，主要存在的病害为残破、皱折、霉变、虫蛀、酥粉、腐朽等。武昌地处长江中游，四季气温、湿度变化大，夏季炎热潮湿易滋生虫害、霉菌，冬季干冷的气候又易导致有机质文物干燥开裂。而我馆近现代文物中的有机质地文物库房未能达到恒温恒湿，对文物的保存十分不利，这是我们日后需要改进的地方。

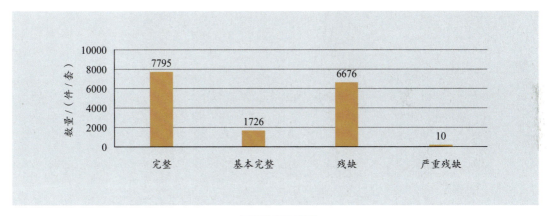

完残程度统计图

八、古籍文物库

该库由陈钢、罗恰、张晓冲、辛月等同志负责。

湖北省博物馆现藏古籍9000余种70000多册，结合馆藏实际情况，大体按经、史、子、集、丛书、方志、善本七类分别编目入柜。多年来，利用馆藏古籍资料，已经或正在整理出版的有《学书迩言》《杨守敬评碑评帖记》《杨守敬题跋书信遗稿》《湖北文徵》《邻苏园藏书目录》《王葆心文集》等著作。自"国家珍贵古籍名录"及"湖北省珍贵古籍名录"申报工作开展以来，馆藏古籍已成功入选"国家珍贵古籍名录"十四种及"湖北省珍贵古籍名录"八种。2010年，湖北省博物馆被列入第三批"全国古籍重点保护单位名单"。

截至普查工作结束，已累计完成著录经部古籍620种4347册，史部古籍1665种19810册，子部古籍1945种6641册，集部古籍1511种8924册，丛部古籍1978种19899册，善本1024种7456册，方志649种5622册，总计9392种72699册，圆满地完成了普查任务。从内容上看，馆藏古籍涵盖经、史、子、集四部，较为丰富，其中子部数量最多（医药、释道、命相、阴阳类等民间常见书籍占大宗），乡邦文献数量不少（方志、诗文集占大宗）；从所属时代来看，大部分属于清同治至民国时段，明万历之前古籍少见，符合现存古籍的一般规律；从版本类别来看，除了刻本，清末以来的石印本、铅印本、影印本为数甚多（大部分为较为常见的坊间出版物）；从递藏源流来看，相当一部分属于柯逢时旧藏（以所钤

藏书印判断，柯氏藏书多来自杨守敬、蒋凤藻、周星诒、谢章铤等），亦间或有李嘉绩、
冯辨斋、李宝常等旧物。由于时间较紧，学力不逮，所著录的版本信息虽较以往大为完备
准确，但仍有进一步完善的空间。

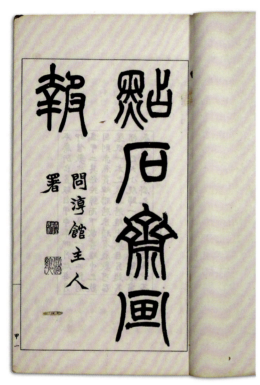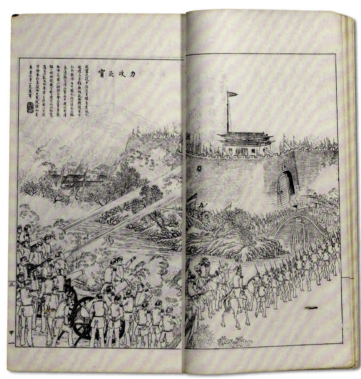

《点石斋画报》十卷

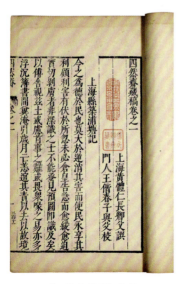

《四然斋藏稿》十卷

《杜工部集》二十卷

《老子道德经》上下篇

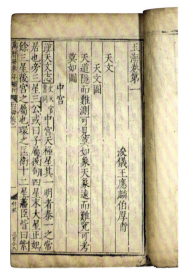

《玉海二百卷辞学指南》四卷

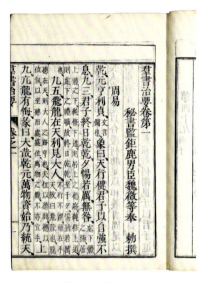

《群书治要》五十卷

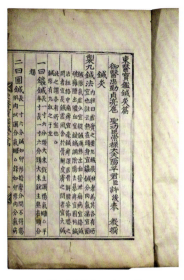

《东医宝鉴》二十三卷

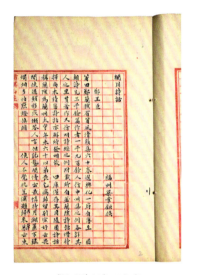

《闽川诗话》不分卷

《贵池二妙集》五十一卷

《古逸丛书》

《留真谱》不分卷

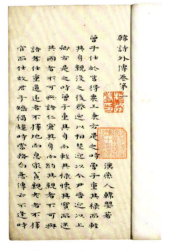

《韩诗外传》十卷附薛子
一卷歌谱一卷

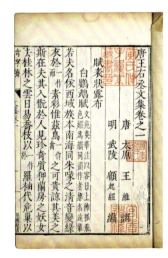

《唐王右丞文集》

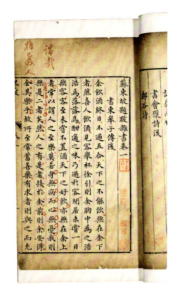

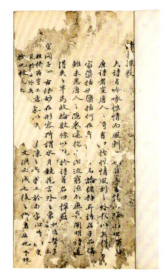

《集千家注杜工部诗集》二十卷
文集二卷附录一卷

《苏黄题跋二种》

《诗家谭薮》一卷

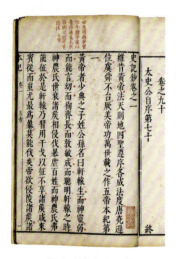

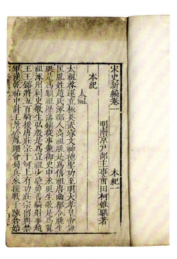

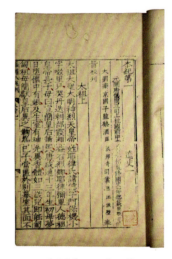

《史记钞》九十一卷

《宋史新编》二百卷

《辽史》一百十六卷

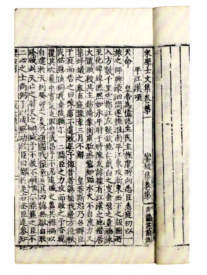

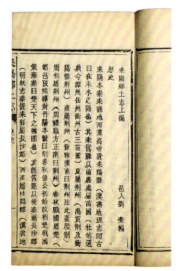

《政和五礼新仪》二百二十卷

《宋学士文集》七十五卷

《莱阳县乡土志二编》

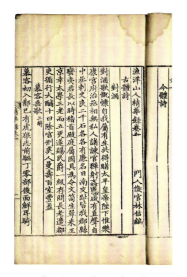

《渔洋山人精华录》十卷

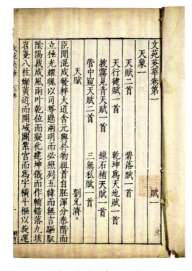

《文苑英华》一千卷

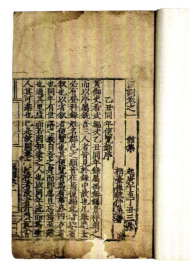

《洹词》十二卷

《新雕徂徕石先生文集》二十卷

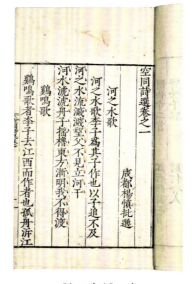

《空同诗选》四卷

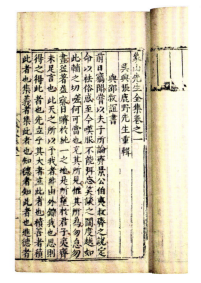

《象山先生全集》三十六卷

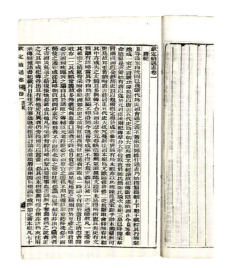

《剑南诗稿》八十五卷

《钦定续通志》六百四十卷

第二节　普查文物选粹

　　博物馆展出的文物因展厅面积和展览主题的原因，毕竟有限，库房中极具历史、艺术、科学价值的文物一直"养在深闺人未识"，此次可移动文物普查是对馆藏文物的一次大清底，在此过程中发现了不少早年入馆的文物精品，通过普查的机会予以披露展示，以飨读者和观众。

一、考古所出土文物库

"太阳人"石刻

新石器时期
高1.05、宽0.2、厚0.12米
1998年湖北秭归东门头遗址出土

　　东门头遗址出土的城背溪文化"太阳人"石刻，是我国目前已知最早的对太阳崇拜的图案。

　　灰色砂岩质地，呈长条形。图像呈阴刻形态，画面整体古拙质朴，原始气息浓郁。上端琢刻一光芒四射的太阳线条，工整、圆润，每一道光的刻制都显得遒劲有力。中部刻制一细长简练的男性：人物头部略小于太阳，头顶上有一小尖状物，整个头部形状尖而瘦弱，人物面部表情凝重；身躯为一向下的倒三角形，线条松软，下端两线未绘到头，下部一短横线，横线下三角形，且下端出头寸许，有研究者疑是男性器官；两臂自然下垂，落笔处微粗，表示手部；下肢短而有力，到底部向外微弯，当是表示足部；下肢与身体接合部左右近旁各有一个圆圈，左低右高，右大左小，稍上部也是左右各一个小圆圈，比其他两个要小许多，是表示星辰还是其他有待考证。整块砂岩表面平整，长条形四周打制规整匀称，凿刻痕迹与图像古朴怪异，整个图案浑然一体，形象生动，宛若天成，似乎在向人们诉说着过去的故事。

石雕人像

新石器时期
高4.5、宽1.9厘米
2000年湖北秭归柳林溪遗址出土

　　黑色，蹲坐于圆形石盘之上，双肘支膝，炯目张口，形象生动逼真。头顶有双冠。手掌和左耳残断。该人像出土于柳林溪一期遗存，它同以大溪遗址为代表的大溪文化无论在陶系、纹饰还是器类组合等方面都有很大的区别。而朱家台、关庙山等遗址的层位关系可以间接证明，以柳林溪一期为代表的遗存要早于大溪文化。通过对柳林溪遗址材料的初步整理和对已掌握的同类性质的材料进行分析，可知它们与大溪文化之间的差别已不仅仅是年代上的，而可能是两类不同性质的遗存。

二、先秦出土文物库

四孔虎纽玉刀

商代

通长60.4、通宽16、厚1.2厘米，重2.15千克
1958年湖北武汉青山武钢工业港便桥挖土掘出，武昌水利工程管理处移交

　　该玉刀呈不等边长方形，背平略厚微弧，背下有四圆孔呈一字形排列，四孔等距分布，均为单面管钻，直壁。两面有刃但未露锋芒，一长边雕琢一虎形纽饰，虎纽口、尾部各有一圆穿。虎饰作踞足，耸肩，提臀，头颈微探伸，臣字眼，伏击状，伺机而动，一对直立小肥耳，口微张，露出上下弯刀状的虎牙。虎纽正面耳部、颈下部、前后足各饰一组阳线卷云纹。足部由几条阴线勾画出虎爪指尖，线条流畅，弯转自如。虎背面相应部位以单阴刻线表示，未做进一步减地浅阳线处理。器表有一层红色皮质包浆，从断面可以看到玉刀的坏质应是灰白色石英岩。整器粗略看上去光洁平整有经打磨，但用手触摸器身中段断开处有琢迹及凹陷。

　　多孔玉刀在新石器时代龙山文化的墓葬里有出土，在齐家文化玉器中也多见，而在其他考古文化中并不常见，且集中于黄河流域地区，表现出了明显的地域性风格，如陕西石峁遗址出土的多孔玉刀（SSY85、SSY90）。商代的玉刀则不多见，玉质兵器多为玉戈，著名的如湖北黄陂盘龙城的大玉戈、江西新干大洋洲的商代玉戈。

　　相关专家通过对玉料的分析，表示该多孔玉刀应属新石器时期，就地取材，后由于残缺原因，旧器改制为四孔玉刀并雕琢一虎形纽作装饰。也有专家从制作工艺的角度，认为从四个穿孔的工艺单面管钻、直壁，以及两刃上的干净利落的脊线看应该到不了新石器时期。还有的专家从器物纹饰的角度，根据虎纽上的纹饰如臣字眼、卷云纹推断可能是商代器物。该器暂定下限为商代，到底是什么时代器物，玉的材料出自哪里，还需要做进一步研究。该件玉刀此前一直未作披露和展示，是此次普查中发现的一件重器。

神兽纹铜镜

三国

直径15.5、厚0.5厘米，重0.55千克

湖北省武汉市洪山区石嘴公社出土

此铜镜为圆形，镜面微弧，外缘微斜。中心一半球形钮，钮两侧一对圆穿，一圈羽、目纹，主题纹饰为东王公、西王母、伯牙抚琴、子乔赤松子四组神仙人物故事，以中轴对称上下左右环绕分布。左右为东王公和西王母。东王公、西王母左右各有一只神兽；东王公坐骑是一鸟首龙身的神兽，兽首对着一侧踞而坐的人，西王母坐下一对尖喙神鸟，神鸟两两相背，鸟首各对着两旁的一只神兽。东王公、西王母形象成对呈现在一件生活用品的铜镜上，寓意了对家庭生活圆满的追求，反映出了东汉中晚期道教兴起，并在当时社会生活中产生了深远影响。神兽镜上下位为伯牙和子乔、赤松子。伯牙双手抚琴，两侧各有一盘踞而坐、头戴冠帽的侍神。伯牙相传是春秋时期著名琴师，在《列子》和《吕氏春秋》中记载有伯牙与钟子期相逢遇知音的故事，一直为后世所传诵。这一题材的大量出现表现了人们对知音好友的渴望和珍惜。最后一组故事是头戴冠帽、手持羽扇盘踞而坐、神态安详的赤松子，做侧耳倾听状，右旁应是侧面踞坐的王子乔，双手握笙吹奏。赤松子相传为上古时神仙，《汉书·张良传》载："愿弃人间事，欲从赤松子游耳。"《列仙传·王子乔》则记载："王子乔者，周灵王太子晋，好吹笙，作凤凰鸣。"《淮南子·齐俗训》对于他二人则载："今夫王乔、赤诵子吹呕呼吸，吐故纳新，遗形去智，抱素返真，以游玄眇，上通云天。"1963年山东邹城出土一面神人走兽画像镜，其铭文就有"上有东王公西王母，青龙在左，白虎居右，仙人子乔、赤诵子，仕至三公，贾万倍，辟去不祥"等语。

此镜等腰三角形整齐排列绕环一周，装点于环形斜壁上；一周分三组，每组之间有分隔符断，每一段即是一组神鸟或神兽人物组合，描绘了三个故事画面。第一组：一艘乌篷船上载了三个人，前后两人正在奋力划桨，另一人盘坐于中间做左右摇摆状，船侧有旋涡纹翻卷起高高的浪花，两条张口摆尾的长龙正紧跟其后，双手捧月的男子做曲卧游走状。第二组：两只老虎，张口圆目，做奔走状紧跟其后；一只凤鸟昂首展翅做飞翔状，长长的尾羽托缀于身后，口中衔有一物；另有一只青鸟空中展翅盘旋回首顾盼。第三组：6只长着长长的尖喙、曲颈、双翅微展、两足前伸做飞奔状的兽鸟呈一字排列；最外围是一周斜角勾连云纹。

此镜14字方形枚环绕装饰一周，其间穿插14个半圆形浮雕图案，与14字铭纹错落环绕装饰一周。铭文释读应为："吾作明竟，幽涷三商，周刻无极，□□。"

"随仲嬭加"铜鼎

春秋

通高39.5、器口径31.5、耳距40厘米

2013年征集

　　此鼎附耳带盖，蹄足，饰细蟠虺纹，铭文显示其为楚王嫁女于随所作媵器。此器物纹饰规整，鼎三足为铸接，耳、捉手混铸，器表绿锈泛红，锈色叠压在烟炱痕迹之上，层次清晰，鼎腹内有埋藏时形成的水迹，器腹、盖可见裂纹痕迹，以上特征合乎春秋中晚期楚文化青铜器的特征。该器物铭文铸于内底，反书，有5行28字，释读为：

　　唯王正月初

　　吉丁亥，楚王媵

　　随仲嬭加食繁

　　其眉寿无期

　　子孙永宝用之

　　根据此铭文，可知此鼎为楚王媵女于随国而作，可知当时随国仍在，这对于具有争议的随国历史极具研究价值，是研究先秦时期楚国与周边国家关系的重要器物。

"吴王夫差"铜剑

春秋晚期
残长37、剑身长28.5、剑首径3.3厘米，重0.35千克
1976年湖北襄阳蔡坡墓地出土

　　此剑位于棺内中部，带漆木鞘，且剑在鞘中。剑身铸有篆书阴文两行十字："攻敔王夫差，自作其元用。"剑首残缺，剑柄断为三截，现经修复完整。剑柄为圆筒形，茎上无箍。

　　现已知晓有"吴王夫差"铭文的青铜器有剑、戈、戟、矛、鉴、盉等，湖北省博物馆收藏有夫差矛和夫差剑。全国目前已知的吴王夫差剑有近10柄，除湖北省博物馆所藏"吴王夫差剑"外，中华人民共和国成立后通过考古发掘的还有1983年江陵马山M5、1991年洛阳中州路C1M3352、1991年山东邹县城关出土等。

　　根据《史记·吴世家》《左传》等历史典籍，西周初，太伯、仲雍奔吴，至十九世寿梦立，习用兵乘车，吴始益大，称王，又经诸樊、余祭、余昧、僚、阖闾等几代吴王苦心经营，吴国渐成春秋时期重要方国。夫差，姬姓，春秋时期吴国末代国君，阖闾之子，公元前495～前473年在位。公元前494年于夫椒之战大败越国，攻破越国都城，使越屈服。公元前482年，于黄池之会与中原诸侯歃血为盟。夫差执政时期，吴国盛极一时，但连年兴师动众，造成国力空虚。勾践不忘会稽之耻，国力逐渐恢复。趁夫差举全国之力赴黄池之会时，越军北伐吴国。又公元前473年，越国再次兴兵，终灭吴国，夫差自刎，时年55岁。

　　湖北省博物馆藏"吴王夫差剑"剑身铭文为"攻敔王夫差，自作其元用"。据《史记》记载："太伯之奔荆蛮，自号勾吴。"颜师古注《汉书·地理志》曰："句音钩，夷俗语之发声也，犹越为于越也。"《吴越春秋》卷一载："吴人或问：何据而为勾吴？太伯曰：吴以伯长居国，绝嗣者也。其当有封者，吴仲也。故自号勾吴，非其方乎？"目前发掘出土的吴国青铜器铭文中，绝少见作勾吴者，绝大多数作工吴、攻吴、工敔等。只有一件河南固始侯古堆出土春秋青铜簠有"其妹勾吴（原做五文）夫人季子"。王国维的《观堂集林·攻吴王夫差鉴跋》："工敔即攻吴，皆勾吴之异文。古音，工攻在东部，勾在候部，二部之字阴阳对转。故勾吴亦读作攻吴。"所以说将"勾吴"当作"工吴"乃是中原人所作古籍文献中错记吴音的缘故。工又写作攻，吴的写法较多——有虎头下加一鱼字的，有再加一反文旁的，也有吾加反文的，更两个五再加反文的，也有两个五连写的。

　　"自作其元用"，即作来自己使用。夫差在位约22年，但目前发现的此类青铜剑铭文很多，显然，这些铜剑并不全是他所用。据文献推测，其用途可能有以下几点：①佩剑，剑作为古代重要的防身兵器，国君自然要身佩，并可作为身份的象征。秦代规定一定级别的人方可佩剑，到汉代画像石中的门吏具有长剑在身，此类长剑即后来的像剑、仪剑。②赐剑，《吴越春秋》载"吴王闻子胥怨恨也，乃使人赐属镂之剑"，夫差赐伍子胥属镂之剑虽是暴虐之举，然剑作为赏赐物却是习见，赐剑主要是用于鼓励将领军士勇敢作战，或对有功之臣的赏赐。③礼剑，《史记》记载季札北使，路过徐国，徐君羡其剑，但因有出使的任务，没有立即把佩剑赠给徐君，季札出使归来时徐君已逝，季札就将其剑挂于徐君坟树之上，此剑即作为礼物赠予徐君。吴、越剑在当时是稀世珍宝，为了结好中原强国，可能有一些剑铭为"吴王"的宝剑作为外交赠礼致于北方友国，晋陕发现少量的此类剑可能与此有关。

骑象铜带钩

战国
残长8.2、通宽2.5、足高0.6厘米
1996年湖北荆门罗坡岗M115出土

  器身扁长，足偏长，钩端残，带钩表面浮雕一女神骑象造型，构思巧妙。

  1996年，湖北省文物考古研究所和荆门市博物馆共同完成了罗坡岗、子陵岗的田野考古发掘工作。罗坡岗墓地，是战国中期晚段至战国晚期的楚人墓地，位于子陵铺镇政府所在地东面，南北长580余米，东西宽250余米，面积约14.5万平方米。罗坡岗墓地共出土青铜器107件，分别出自53座墓葬，分容器、兵器、佩饰和杂器。墓葬内兵器一般放置于棺内墓主一侧或两侧，极少数放置于边箱、鬼内和横放于棺口。佩饰、杂器一般随身于棺内，极少数散放于容器中。根据墓坑的结构、大小，棺椁结构、特征，随葬器物品类、多寡等要素综合分析，罗坡岗墓地是一处士级以下阶层墓地。按文献记载，周代墓地分"公墓"和"邦墓"，所谓"公墓"，是高等级的王公贵族墓地；所谓"邦墓"，则是士级以下阶层的平民墓地，罗坡岗墓地应属于此类。

人面纹铜剑

战国
通长43.5、剑身宽2.5～3.5、剑格宽4、剑身长
33、剑柄长8.5、剑首径3.5厘米
1996年湖北荆门罗坡岗M143出土

　　弧脊，斜宽从，前锷弧收，圆茎，
格较宽厚。格呈凹字形，格上有人面纹，
人面两侧有蛇纹。圆茎上有两道箍，便于
缠缑。圆形剑首饰四蛇缠盘，蛇头向外。
剑身一面近格处有浅浮雕人面鸟身图案
造型。

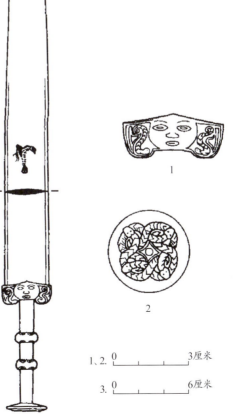

1

2

| 1、2. 0 | 3厘米 |
| 3. 0 | 6厘米 |

3

铜矛

战国

通长32.3、剑身宽3厘米

1996年湖北荆门罗坡岗M52出土

　　锉刀形。扁茎，无格、无首。茎部有两孔，剑身两面各有一动物图案，一为"蛇"形，一为"虎"形。

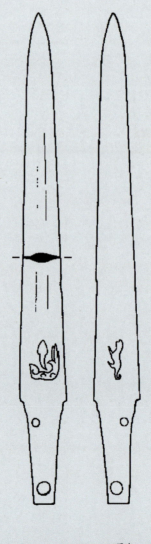

0　　　　　　　6厘米

"许成季"铜鼎

春秋早期
通高25.3、口径26.5、耳距28厘米，重5.15千克
2007年湖北谷城县公安局移交

　　此鼎圆体浅腹，腹下3个蹄足，口沿一对长方形立耳。上腹饰"S"形窃曲纹、凸弦纹各一周。两立耳外面饰重环纹。矮蹄足，蹄足内面无壁，有范芯。范线均在三蹄足中轴线上，底部范线呈大三角形。器内壁铸有5行22字铭文："唯八月初吉，许成季择其吉金作鼎，子子孙孙永宝用之。"
　　此鼎与陕西韩城梁带村墓地北区、山西曲沃羊舍晋侯墓地M5出土部分铜鼎器形相近。这批铜器纹饰主要为窃曲纹、蟠虺纹、垂鳞纹等，经调查，确认这批青铜器出自谷城县城关镇邱家楼春秋早期墓地，为许国之器，为研究襄阳乃至湖北地区春秋早期的历史提供了重要实物资料。

"鄌子曾"铜壶

战国

通高37.8、腹径22厘米，重4.55千克

2009年湖北襄阳、谷城两级公安部门破获的谷城
尖角墓地被盗系列案件追缴

此壶微侈口，折沿，束长颈，圆肩，鼓腹下收，平底，宽圈足较深。肩部有对称兽面铺首衔环。上承子口尖顶盖，盖周有三鸟形环组。盖顶、肩部铸有"鄌子曾自作铸白壶"。

尖角墓地追缴的整批器物从时代特征来看应为战国至西汉，此壶或可到战国中期早段，风格是战国时期楚式器的代表。

从调查情况看，尖角墓地墓葬分布较为密集，从随葬大型镬鼎推测，墓主很可能为上大夫一级的楚国贵族，或许是一位封君。谷城尖角墓地为探索楚国高级贵族墓地的布局、埋葬制度乃至楚国封君的设立都提供了重要线索。

羽人玉饰

战国中晚期

高13.8、宽3.5、厚1厘米，重84克

2002年湖北枣阳九连墩M1出土

此玉饰位于中室内棺底中段中部偏南，压在一柄铜剑下。其玉质呈黄褐色，半透明，温润有光泽，有一大半褐色沁体。人字屋顶状长方体，上端边缘正中及下端两脚处各有一圆穿。背身正中下部有一裂纹，一角断经黏接。有专家学者认为可能是由玉琮一角改制。其正反两面通体浮雕、游丝毛雕手法，刻划了一个头戴鸟冠、仰首凝视伫立、双羽合拢前爪曲收于胸前的羽人形象，一只俯首帖耳的龙兽踞坐在羽人身前。背面则是羽人的背面形象，头顶一对鸟冠，头部像背对着的一对鸟首，两弯钩状的喙似乎各叼着一条鲜肉；脖颈躯干饰以垂印鳞纹，内填网格纹，肩膀一对合收的羽翅，一只长有一对尖角的龙兽屈膝倚伏于羽人下肢上，龙兽的双腿饰以双阴刻线斑纹。运用了孔钻拉锯镂空手法，如两耳下镂空及两翼下垂处即可见一斑。

在《山海经》中，人面鸟身的形象有四位：①羽民国的羽人，长长的脑袋，全身生满羽毛，白色的头发，红色的眼睛，甚至还长着鸟的尖喙，背上生有一对翅膀。②北方之神禺彊，人面鸟身，珥蛇、践蛇，乘两龙，和北方之帝颛顼共同管理北方极地。③东海之诸中有神，人面鸟身，珥两黄蛇，名曰禺䝞。脚底踏两黄蛇。④蛇东方神句芒是西方主神昊之子，后来成为东方天帝伏羲的辅佐。他也是生命之神，管理春天万物生长。鸟身人面，四方脸，素衣，乘双龙。以上外貌特征都有些像这件玉雕中的人物形象，古人常将羽人形象与不死观念相联系，他们和禽鸟一样是孵生，羽民国栖息着许多珍贵的鸾鸟，羽民国里的人就以鸾鸟蛋为食，因此沾染仙气，后来，人们便把身上长羽毛的羽民国与神仙联系起来。道家认为人修道最开始的境界就是长生不死而成为地仙，再继续修行，达到更高境界后便真正得道，身上长羽毛，向上飞升而成天仙，这就是"化羽登仙"的由来。这种羽化正是众多道家修行者所追求的终极目标。这件玉雕羽人出现在墓中可能就是受到这种观念的影响，想借助玉羽人促使墓主人羽化登仙。

三、漆木器库

曾侯乙墓出土漆木器群和九连墩M1、M2楚墓出土漆木器群是馆藏漆木器的精品，由于墓葬保存良好，所出漆木器种类齐全、纹饰多样，不少器物的造型独特，做工讲究，为其他墓葬所未见。曾侯乙墓漆木器群出土时间早，声名远扬，为学界所熟知。

九连墩M1、M2属夫妻异穴合葬墓，两墓所出漆木器，因发掘报告尚在整理，还未正式完整公布。这批漆木器中的扁壶、莲花豆、高柄瓶、曲形凭几、建鼓、十弦琴等都是楚墓罕见的漆木器。

男性墓M1随葬的一件弩，通体彩绘弋射、狩猎、出行等图案，人物、动物栩栩如生，寓意高深，也具有很强的艺术性，是弥足珍贵的漆画作品。

女性墓M2随葬的一套以鼎、敦、壶、簠、簋、鬲、尊、鉴、盘、匜等为主的仿铜漆木礼器，前所未见，颇具特色。这批仿铜漆木礼器仿制逼真，器形、大小、纹饰、构件等接近铜器面貌，如附属构件耳、纽、座、足等都比较完备；兽耳雕刻细腻，像铜器一样配有圆环；有的附件还直接使用了铜制品，如缶、鉴的环耳以及壶、盘的铺首衔环等。仿铜漆木礼器的使用，一方面表明了贵族家庭中妻室的从属地位，其不与夫墓使用完全一样的铜祭礼用器，恰如其分地体现了妻随夫制又男女有别的楚国贵族葬制；另一方面也可能是因为财力不够或来不及制造成组新铜器而以漆木礼器代替下葬。战国中晚期，漆木器流行，也是贵重物品，至西汉，漆木制造的实用祭礼器已蔚然成风。

代表性漆木器介绍如下。

彩绘弋射狩猎出行弩

战国
通长76.65、宽11.8、厚2.8～7.2厘米
2002年湖北枣阳九连墩M1出土

残存木弩臂和铜弩机，缺弩弓。弩臂整木制成，前端弧形。握手长方形柄。通体髹黑漆，朱漆彩绘弋射、狩猎、出行等图案。

彩绘漆木新月形耳杯

战国

两件一套，一件高4.2、口长14.7、宽10.8厘米，
一件高4.7、口长15.2、宽11.1厘米
1965年湖北江陵沙冢M1出土

木胎，挖制。新月形耳。杯口呈椭圆
形，弧腹壁，平底。内面髹朱漆，外表黑
漆为地，朱漆彩绘变形鸟头纹、卷云纹、
勾连云纹等。其一新月形耳面低于杯口，
向下倾斜，两杯可扣合者不多见。

彩绘木雕凤鸟兽纹箭箙

战国

通高23.5、上宽22、下宽18厘米

1965年湖北江陵沙冢M1出土

木质，梯形，由正、背、侧、底板构成。正面透雕动物造型，中为一向下俯冲的凤鸟，两边各雕一兽一凤，凤首面朝中间凤鸟，立于做回首状的兽之头上。上端边框浮雕两条蜷身小蛇。所雕动物以黑漆为地，朱漆彩绘羽纹、兽纹、鳞纹、几何纹等。背板内外髹黑漆，朱漆彩绘变形凤纹、卷云纹等。

彩绘云鸟纹漆革盾

战国

高46.8、宽34厘米

1987年湖北荆门包山M2出土

皮革已朽，仅剩漆皮。平顶中凸，弧肩，两侧边沿呈弧线阶梯状，下部呈长方形。背面正中安盾柄。通体髹黑漆，用朱、黄色等彩绘，正面饰对称龙凤卷云纹等，背面饰对称变形龙凤卷云纹、矩纹等。

漆木折叠床

战国
全长220.8、宽135.6、高38.4厘米
1987年湖北荆门包山M2出土

　　长方形。由床身、床箦、床足组成。床身由外框和横撑榫接构成，中间有铰链构件，床可对折叠放。四面床框上均安围栏床箦，由圆细木棍、竹条成方格栏编制。床框下安装八床足，四角各一曲尺形足柎，中部在折叠处的两旁对称安四个单排足柎。通体髹黑漆。出土时，床上放置苇席两张。遣册记作"一屮床"。

龙衔蛇柄莲花豆

战国

通高19.7、盘口径13.2～15.4、底径11.8～12.4厘米

2002年湖北枣阳九连墩M1出土

　　由莲花豆盘、龙衔蛇形柄柱、圆角方形平底座拼合而成。豆盘浅，口沿立十六莲花瓣。豆柄浮雕龙衔蛇造型，龙体蹲踞，双爪托起莲花浅盘，仰首口衔一蛇，蛇张嘴蜷绕龙颈。通体髹黑漆，以朱、黄粉彩绘变形凤鸟纹、卷云纹、龙纹、鳞甲纹、鸟羽纹。整器造型奇特，极富动感。

漆木梳妆盒

战国
长35、宽11.2、厚4厘米
2002年湖北枣阳九连墩M1出土

　　扁长方体，盒盖、身由两块木板在一
端以铜铰链扣合。器表嵌竹篾镶成盒外框
并拼合几何图案。盒内盖、身两面对应挖
槽，分别置放铜镜、木梳、削刀、脂盒，
又分别安装对称的撑架，使用时打开撑架
立起盒面，不用时则可折叠放入槽内。通
体髹漆。设计精巧，造型别致。

浮雕凤首流漆木杯

战国

长19.2、宽16.2、高13.1厘米

2002年湖北枣阳九连墩M1出土

　　整木挖制。匜形体，弧腹壁下部内收，圈足平底，有盖。器口呈桃形，流外侧雕刻一衔珠鸟首。盖面浮雕一鸟三蛇，鸟翅伸展，一蛇衔于鸟嘴，另二蛇缠绕鸟翅间。器内面髹朱漆，外表黑漆为地彩绘变形凤鸟纹、龙纹。

带囊彩绘绕线棒

战国

通长14.1、直径7.2厘米

2002年湖北枣阳九连墩M1出土

　　绕线棒由纺锤形圆木柁和圆木棒构成，圆木柁通体髹红漆，其上有缠绕物。圆木棒上套木质算盘珠形物、圆筒和骨质圆箍，顶端套一骨帽，末端榫接于圆木柁中心。同出有一件皮囊，圆筒形，上缘有一排穿孔，囊外表彩绘，饰凤鸟纹、羽纹等。据研究，绕线棒很可能与矰弋有关。

彩绘漆木箴

战国
长78.2、宽26.2、厚5.8厘米
2002年湖北枣阳九连墩M1出土

　　梯形，由木质箴座、壁板与竹质挡板构成。箴座扁长方体，前、后壁板弧面，边缘扣合，用生漆黏接，下部用丝绳缠绕一周。通体髹黑漆，彩绘对称变形龙凤卷云纹等。

彩绘扁壶

战国

高43.5、腹宽36、厚7.5、底长28.5、宽8、口径
6.8厘米

2002年湖北枣阳九连墩M1出土

　　平口铜箍，短颈，桃形扁腹，扁圈
足，有盖。肩部有1对铜铺首。黑漆为地，
以红、黄色彩绘变形蟠螭纹。

彩绘漆木俎

战国

通高89.8、面长91.2、宽38厘米

2002年湖北枣阳九连墩M2出土

　　由面板、立板、足座三部分榫接做成。面板呈长方形，两端向上各立一板，立板近长方形，下部略内收，各凿有八个长方形孔，立板侧面嵌长方形玉饰。足座呈八字状，由两块长方形足板构成，足板下缘内凹。足板上嵌三个圆形玉饰。通体黑漆为地，面板边缘、立板、足板侧面绘绚纹、圆圈纹，立板两面、足板外面绘卷云纹、"S"形纹等。

彩绘漆木簋

战国

通高27.4、口径23厘米，座高11.8、宽23厘米

2002年湖北枣阳九连墩M2出土

仿青铜簋制作。簋圆口，深弧腹，圈足，带方座。方
座四边中部内外、簋内面髹朱漆，上腹部、方座外表彩绘
三角云纹、蟠螭纹等。

彩绘漆木簠

战国

通高24.6、长30.2、宽24厘米

2002年湖北枣阳九连墩M2出土

　　仿青铜簠制作。盖、身等大同形。长方口，腹上部直壁，下折内收。盖顶、身底有方圈足座，座四边中部内凹。器口沿处、座面朱、黑彩绘菱形纹等。

彩绘漆木兽耳方壶

战国
通高79.2、口长25.6、宽24、腹径35厘米
2002年湖北枣阳九连墩M2出土

　　仿青铜壶制作。器形高大。方口，长颈，鼓腹，方足座，口上套有方框，颈部有对称的爬行兽耳，腹部四面正中各有一直棱凸起，方足座四角各有一兽承托。通体黑漆为地，口部、颈中部、上腹部朱漆彩绘云纹、几何纹等带饰。

透雕蟒兽漆木座架

战国
宽54、座高7、通高52.4厘米
1992年湖北老河口安岗M1出土

　　木胎，雕制。器身、器座各用一块整木制成。器身透雕两兽，兽口衔、爪抓一条环形大蟒，兽头、身浮雕耳、眼、腿。器身顶部呈弧形，两角各有一个方形榫眼。器座呈长方形，与器身榫接而成。通体髹黑漆。素面。

彩绘牛马鸟纹漆扁壶

秦

高22.8、腹宽24.2、厚7.8厘米

1975年湖北云梦睡虎地M44出土

　　木胎，挖制。小圆口，矮颈，扁腹，平底，长方形圈足。外表黑漆为地，用红、褐漆彩绘。腹部一面绘一头硕壮立牛，另一面绘一匹奔驰骏马，马上方绘一只展翅前飞的鸟，与马争先。壶侧面绘变形凤鸟纹。

彩绘波折纹漆方盒

西汉
高7.4、长24.4、宽11厘米
1975年湖北云梦睡虎地M45出土

　　木胎，斫制。长方形，直口，直腹，平底。盖顶面呈阶状，盖外壁较宽。内面朱漆，外表黑漆为地，用红、褐漆彩绘卷云纹、变形鸟头纹、圆点纹、波折纹、几何纹等。

彩绘云鸟纹兽纹漆盘

西汉

高4、口径18、底径8.2厘米

1973年湖北云梦大坟头M1出土

　　木胎，旋制。敞口，宽沿，弧腹，平底。通体黑漆为地，朱漆彩绘简化龙纹、变形凤鸟纹、波折纹、带纹等。外底有针刻文字"宦里大女子骛"。

彩绘云鸟纹漆奁

西汉

盖径22.5、高7.9厘米

1973年湖北云梦大坟头M1出土

　　木胎，卷制。奁身已失，仅剩盖。
盖面微弧。通体黑漆，朱漆彩绘变形凤鸟
纹、弦纹、云纹等。出土时，奁里放铜
镜、玉璧、木梳各1件，木篦3件，木刮刀
2件。

彩绘云鸟纹漆圆壶

西汉

高32.5、口径11.5、腹径22厘米

1986年湖北江陵毛家园M1出土

　　木胎，器身由两片整木挖制的半壶体黏合而成。敞口，束颈，溜肩，鼓腹，圜底，圈足，有盖。盖面隆起。器内面朱漆，外表黑漆为地，朱漆彩绘变形凤鸟纹、弦纹、三角纹、圆圈纹等。器底和盖内有针刻文字。

彩绘三鱼纹耳杯

西汉

高6.4、口长径21.1、连耳宽15.7厘米
1986年湖北江陵毛家园M1出土

　　木胎，挖制。新月形耳。椭圆形口，弧腹，平底矮圈足。通体黑漆为地，用朱漆彩绘。双耳及口沿内外绘变形鸟头纹、波折纹、圆圈纹。内底中央是一只凤鸟，凤鸟四周环绕三条首尾相随的游鱼，形象生动。

针刻龙凤纹鸟兽纹漆卮

西汉

高10.9、盖径9.5厘米
1976年湖北光化五座坟汉墓M3出土

　　木胎，卷制。直口，直壁，平底，单耳，有盖。盖面微隆。内髹朱漆，外髹褐色漆。通体针刻图案，并填以金粉。盖内面刻凤纹，外腹壁刻猛虎、仙鹤、玉兔、神人、飞鸟等，以流云纹相间。此卮是目前所见最早的针刻填金实物。

四、传世文物库

嵌绿松石云雷纹鸡

商周

底长5.6、宽3.7、通高6.5厘米

卧姿，昂首，鸡冠耸立，喙微张，双足伏地，爪露三趾。头部饰雷纹、云纹等纹饰，用两颗绿松石镶嵌作为眼睛，神态安详。羽翼丰满，纹路清晰，背部饰蝉纹，尾卷曲有力，两侧镶嵌绿松石。全器呈古铜色，朴拙典雅，具有较高的艺术水平。此器原认为是陶质，后经检测为骨质。

湘阴窑青釉碗

隋

口径12、底径4.4、通高9.5厘米

直口，尖圆唇，深腹，小饼足。底、足相接处旋削一周。灰白胎，胎质致密。施淡青釉，器内全釉，外壁施釉至近底处，釉水流淌自然，釉面布满细密开片。全器造型规整，修足精细，简洁优美，是湘阴窑品质较高的产品之一。湘阴窑始烧于东汉，以湘阴青竹寺窑为代表，隋唐时期繁荣，五代以后逐渐衰落，唐五代时期湘阴属于岳州，传世文献上又将这时期的瓷窑遗存称为岳州窑。湘阴窑多灰白胎，以烧青瓷为主，少量酱釉等，青釉多细密开片，青中略泛黄，玻璃质感强。装饰以印花为主，少量刻划纹、浮雕莲瓣、釉下点彩等。器形也比较丰富，有碗、高足盘、唾壶、瓶、洗、人物俑等。

青花兰竹纹盖罐

明

盖径7.5、口径6.1、底径7.3、通高17厘米

　　直口，圆唇，短颈，溜肩，鼓腹，平底。宝珠纽，平顶盖，盖有套口，盖饰莲瓣纹、点纹，罐肩部、颈部饰莲瓣纹一周，腹部绘灵芝、兰草、竹、云纹等，构图疏朗简洁。底部露胎，有火石红，灰白胎，白釉泛青，青花色泽黑蓝。该器是明代"空白期"瓷器的代表性产品。

德化窑白釉观音坐像

明

通高18.5、底径10.2～13.1厘米

观音像呈坐姿，左足跣露，右腿弯曲抬起，身躯略微后仰，左臂自然向后撑立；右臂置于右膝盖之上。头梳高髻，上披风巾，面容静穆，双目低垂，双唇紧闭，嘴角上扬，似笑非笑。观音右手持念珠，颈佩如意形胸饰，身着宽袖长衣，衣纹飘逸，层次分明。底部中空，露胎，胎质洁白致密。施白釉，釉面温润如玉，略微闪黄。整个造型典雅，神态端庄，工艺精湛。明清德化窑以生产白瓷闻名，明代中叶兴起，明晚期至清代早期繁荣，清代晚期走向衰落。德化瓷工创造了大量的雕刻造像，以佛教人物居多，观音、达摩、弥勒、罗汉等，其中观音造像以何朝宗的作品最佳。何朝宗，明嘉靖、万历时德化人，他的瓷塑作品形态逼真，衣纹线条刻划传神，此件观音坐像虽未署款，但无论造型、纹饰、神韵等，不失为一件佳品。

王琦绘方耀庭肖像瓷板

民国
高54.5、宽34.8、厚1.1厘米

　　瓷板为戎装画像，人像面容坚毅，手持佩剑，胸佩绶带、勋章。下方楷书赞语："耀庭镇宪大人玉照。朗朗裴令，温温留候（侯）。形同旆仗，气兼春秋。凌烟之式耶，云台之型耶。江汉浮浮，其炳灵耶。买丝绣原，铸金事蠡。高山仰止，景行行止。乡晚詹国桢敬赞。"左边框署朱文"王琦画印"款。据此可知，画像是王琦为方本仁所绘。王琦（1884～1937年），号碧珍，别号陶迷道人，江西新建人，"珠山八友"之一，擅长绘制瓷板人物画。方本仁（1880～1951年），字耀庭，湖北团风人，曾担任江西军务督办、国民革命军第十一军军长、湖北省代理省主席等职。这件方本仁像瓷板是研究近代史的重要实物资料，也对研究王琦瓷绘艺术有着重要意义。

王琦绘肖像瓷板

民国
高54.5、宽34.8、厚1.1厘米

　　瓷板画心墨彩绘妇人像，细致入微，
四周粉彩绘花卉、蝙蝠、寿字纹等纹饰，
左下角有"王琦画印"款。此瓷板画像应
是方本仁母亲之像。

夔龙纹白玉佩

明

高9、宽4.8、厚0.5厘米

仿战国风格。透闪石软玉，玉质温润。整件雕琢双龙相背，呈长方形，佩表面刻有云纹、细格纹等纹饰。该件玉佩造型优美，采用浮雕、透雕等手法，工艺精湛。

白玉五婴洗

清

长15、宽11.5、通高6厘米

洗为椭圆形，直口，浅腹，平底。口沿及器外壁圆雕五童子，一童子趴伏于口沿，其余四童子分别手持如意、小鱼、蒲扇、稻穗等，五子神态各异，生趣盎然。白玉，玉质温润，虽有绺纹几处，但瑕不掩瑜。

雕漆开光山水人物葵花式盒

清

口径29.9、盖径32.1、底径23.2、通高12.1厘米

1958年故宫博物院为充实地方文物馆藏调拨至湖北省博物馆收藏

　　盒为八葵瓣式，盖面锦纹地，雕刻人物故事图，葵瓣处各有一开光，开光内雕刻人物、山水等纹饰，内容丰富，雕刻精美。

五、书画文物库

1. 小邮票，价值大

　　湖北省博物馆收藏的邮票年代主要是民国初期，清末有4000多件。邮票虽小，但其价值在于它是历史的见证物，所录的皆是对应的历史事件、人物。其不但具有收藏价值，更具最直观的史料价值与文物价值。透过这些邮票，我们可以看到历史上留下的每一个瞬间记忆、建筑物的外貌或形状，以及有关文字信息透露出的背后的故事。例如，1878年，清朝政府在北京、天津、上海、烟台和牛庄（营口）等五处设立邮政机构，附属于海关，上海海关造册处当年即印制以龙为图案的一套3枚邮票发行，邮票的颜色和面值不同，面值用银两计算：一分银、三分银、五分银。这是我国首次发行的邮票，集邮界习称为"海关大龙"，简称"大龙邮票"。

　　这种大龙邮票是中国近代发行的第一套邮票，数量虽少，但在中国邮票发行史上具有重要的历史地位，因而比较珍贵。大龙邮票有三个版式，即薄纸大龙、阔边大龙和厚纸大龙，弥足珍贵。

大清邮政局红蟠龙3分银邮票

大清邮政局黄蟠龙5分银邮票

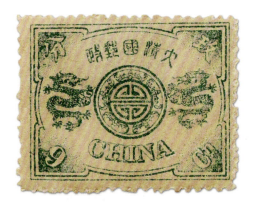

大清国邮政绿双龙9分邮票

大清双龙12分邮票

大清国邮政局红帆船24分邮票

1893年，在汉口商埠书信馆发行的邮票中，诞生了我国首套以"茶"为主题的邮票——"担茶图"。邮票以身挑扁担、运送茶叶的普通农民为主图（老汉口人称脚夫为扁担），表现出了当时一般茶工的生活及装束，极为贴近百姓生活，可以说是中国最早的一枚"生活化"邮票。这些邮票上面外文和汉字结合，面额分别有2分洋钱、5分洋钱、一角洋钱和三角洋钱等，颜色、大小不一。这些邮票的设计非常独特，票面所绘图案有人物、建筑等，真实而形象，如汉口工部局大楼、清同治年间的黄鹤楼、反映武汉茶叶贸易兴盛面貌的"担茶人"等。其中仅"担茶图"邮票就先后印刷了5次，这些邮票上盖有各国汉口客邮邮戳。它见证了近代汉口带有殖民色彩的一种畸形繁荣，也是清末"商埠邮政"的实物资料，具有珍贵的史料价值。

2. 传世碑帖，书法瑰宝

"碑帖"现在已合为一词，用来泛指供学习书法取法的范本。其实"碑"主要指汉、魏、唐碑，按照类型来分，则有墓碑、庙碑、造像和摩崖等；"帖"则是指书人的书札或诗稿等。

清拓 唐白知新墓志

晋　故振威将军建宁太守府君之墓轴

我馆馆藏碑帖、书画文物的主要来源有两方面：一是单位调拨，如原武汉市文化管理委员会、原中南文化部、原中南区土地改革展览会、湖北省文史馆等。二是藏家的捐赠，如徐行可、晏石卿、杨先梅及零星的群众等。

在文化界，当时最令人难忘的是许多社会名流与收藏家将世代家藏价值连城的古籍、善本图书、书画碑帖、古器无偿捐献出来，送到图书馆、博物馆化私为公，希望这些能为社会所用。近代湖北著名藏书家先后计有鄂城柯逢时，宜都杨守敬，沔阳卢靖、卢弼，蒲圻张国淦和武汉的徐行可。

杨守敬（1839~1915年），舆地、金石、书法大家，于光绪六年作为驻日使馆随员到日本。在日本致力于搜求在中国散失的汉籍。杨守敬数载所得古籍百余箱，20余万卷归国。20世纪70年代，其孙杨先梅将杨守敬的书法和收藏的碑帖、古籍交给了湖北省文史馆，文史馆又转交给了湖北省博物馆。杨氏捐给湖北省博物馆的文物主要有碑帖、部分杨守敬书法作品，仅书法作品就有200多件/套，碑帖数以千计。其中包括许多日本经籍古卷，主要为日本高山寺文书典籍，这批日本经卷计65件。

在这些著名收藏家中，"以其所藏历经战乱保存最久、最完整，且能不吝珍藏出借于人，有助于乡邦文化建设者，唯有徐氏一家"。徐行可先生是这些无私捐献者中最突出的一员。

徐行可（1890~1959年），名恕，号彊邨。湖北武昌人，大藏书家。1907年留学日本，次年因弟丧回国。此后学无常师，绝意仕宦名利，以藏书为乐，自名书斋为"箕志堂""藏棱盒""知论物斋"等。与当时社会名流章太炎、黄侃、陈伯

清 杨守敬《行书》团扇

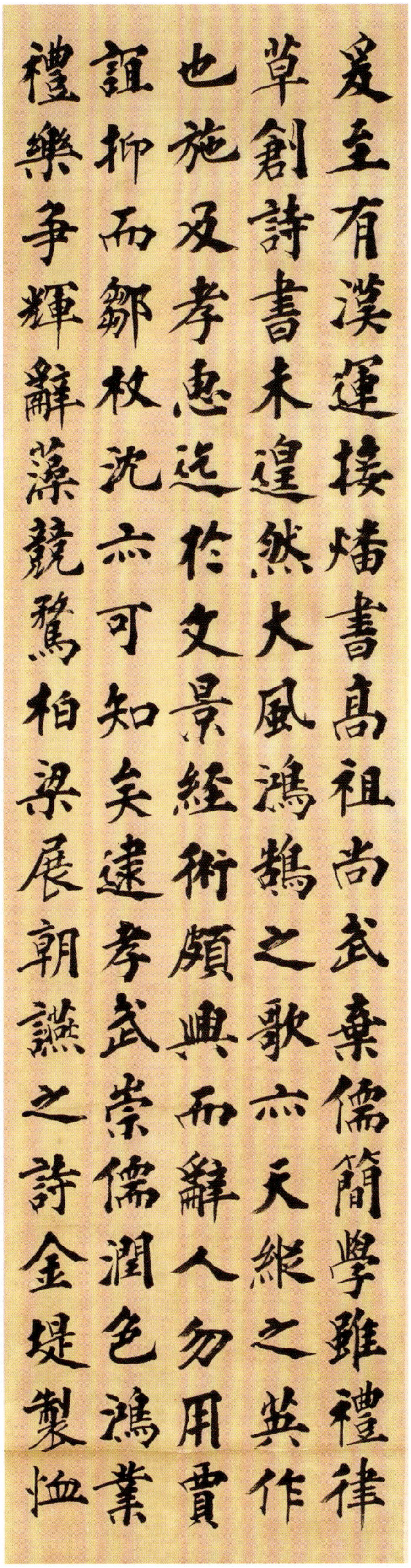

弢、熊十力等为挚友。先生精于金石考证、经史诸子、目录志略等学，然不轻易立说。治学严谨，不囿古、不泥今，兼采诸家之长。其花费毕生心血收集了十万余册古籍、善本图书，书画碑帖、古器等。卒后，其后人将所藏书画、印章、碑帖等文物无偿捐献给湖北省博物馆。为湖北省博物馆接受私人捐赠规模数量之大、质量均为上乘的一次，大多为珍贵的历史文物和书画艺术珍品。其书画包揽了明清主要流派书画家作品。徐氏的这批捐赠，对于1953年刚刚筹备建馆，急需充实藏品的湖北省博物馆来说，无异于雪中送炭。此后又经过多年来不断收集，到目前为止，湖北省博物馆书画碑帖这一门类的藏品已有1万余件，位居湖北省之首，成为传世文物中的代表性馆藏。

随着国内艺术品市场的日渐红火、文物市场意识的加强与开放，民间收藏家已经不再热衷向博物馆无偿捐赠文物，国家收藏机构得到的捐赠文物越来越少。这种状况令我们对徐氏家族之善举更加崇敬，更加感悟到他们那博大无私的境界。当时捐赠的文物无论数量还是质量，都创下了惊人的纪录，捐赠的这批文物究竟价值几何，目前已经难以估算。可以说半个世纪前徐氏这一义举的豪迈气魄和赤子情怀，不是今天能用金钱可以衡量的。

爰至有漢運接燔書高祖尚武棄儒簡學雖禮律
草創詩書未遑然大風鴻鵠之歌亦天縱之英作
也施及孝惠迄於文景經術頗興而辭人勿用賈
誼抑而鄒枚沈六可知矣遠孝武崇儒潤色鴻業
禮樂爭輝辭藻競騖駢栢梁展朝讌之詩金堤製�

清 杨守敬《正楷》屏之一

汉　熹平石经易残字

徐氏捐献的文物中，碑帖及器物拓片也为数不少，《麓山寺碑》就是其中之一。此碑立于湖南衡山岳麓寺，故亦称《岳麓寺碑》，唐开元十八年（730年）九月立。李邕撰文并书，现在湖南长沙岳麓公园。湖北省博物馆珍藏的即是徐氏捐赠的南宋拓本，定为馆藏一级文物。木版封面封底，拓本每面共三行，每行五字，共93面，额篆书题"嶽麓寺碑"4字。碑末有"江夏黄鹤仙刻"6字，王福庵题引首，黄侃题跋及题诗。

李北海，即李邕，扬州江都人，《麓山寺碑》是李邕行楷书的代表作之一。为李邕53岁时所书，李邕一生书写过的众多碑铭，以《麓山寺碑》最为精美，此名碑历来为人称颂，评价极高。

《麓山寺碑》用笔刚柔变化，峻峭而又凝重，结体中心紧密，笔势外张，欹侧有姿，自有章法。结字形体大小不一，参差错落，映衬出李邕行书书体奇崛多变的艺术特色。历来与《李思训碑》并称为李邕的书法杰作。该碑比《李思训碑》晚九年。黄庭坚评其书曰"气势豪逸，真复奇崛，所恨功力太深耳"。清孙承泽："《岳麓寺碑》虽已残剥，然其锋颖尚凌厉不可一世。北海奇人，故所书尔尔。"《庚子销夏记》后起书法大师，如苏轼、米芾、赵孟頫等都沿袭其法。

在这次数据库采集整理中，我们还结集出版了徐行可先生捐献书法作品专辑（见《书法丛刊》2016年第3期）。

易忠箓（1886～1969年），字均室，号稆园、灵龛等，湖北潜江人。1952年被聘为四川省文史馆馆员。

均室先生将存留的许多拓片及少许书画作品捐献给了湖北省博物馆，其中著名的为"玉笋"四面拓片，此拓片有三套之多。提到玉笋，须了解孙觉、吴文企二人。

孙觉（1028～1090年），字莘老，北宋高邮人。曾任湖州、庐州、苏州、福州、亳州、扬州、徐州等地知州，右谏议大夫，吏部侍郎兼右选、龙图阁学士兼侍讲。莘老精通经学韬略，著作颇多，著有《周易传》《春秋经解》等。

吴文企（生卒年不详），字幼如，号白雪、廉吏，湖广竟陵（天门）人，明万历戊戌进士，四十一年知湖州，著作甚富，曰《菰芦集》。吴文企因为政清廉，而被称为"白雪太守"。

北宋时期湖州建有"墨妙亭"系孙觉知湖州时所建，孙觉到湖州做的第一件好事，便是筑建墨妙亭，而且到任第二年春天即告完成。聚古名人碑刻于其中，无论远近或僵卧草野间者，皆尽力设法收集之，以求长存。不想孙莘老去世以后沧桑屡变，其收集在墨妙亭的古刻，遭受到毁灭性的破坏，一老吏云："俱前人磨治为门内官道及池底之用。"

根据《静志居诗话》的记载："白雪廉吏守湖州时，爨薪不给，课童仆刈后园丰草，折枯树以炊，拾得石一片，上有'玉笋'二字，其旁题识已满，乃宋元年间物。笑曰：太守落落如此石，石应太守将去。及迁秩，载之以归，置香雨楼，闻至今尚存也。"也就是说在孙莘老去世五百年之后，吴兴郡斋古茂树草中，有石一片，被其发现，几年秽积丰茸，不为井栏阶砌幸矣。竟奇迹般出现了原墨妙亭中的一件石刻玉笋，无比高兴，视若珍宝。吴文企在吴兴离任时，将玉笋运载以归，置香雨楼，日与相对。吴文企去世后，则由其子孙世守。玉笋在天门经历了四百余年的漫长岁月，其间灾祸频仍，星移物换，犹得以完好地保存至今，这不能不归于吴氏后裔代代相传予以世守。

玉笋为石刻，是北宋熙宁年间吴兴（即湖州）太守孙觉收集聚于郡治墨妙亭的众多石

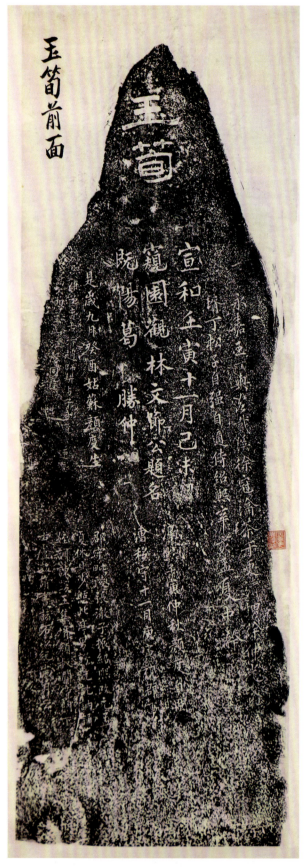

玉笋拓片

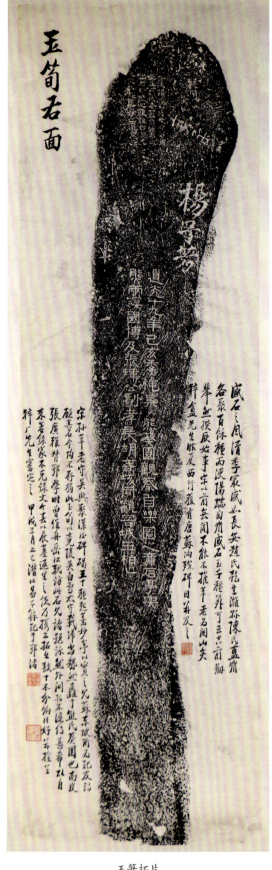

玉笋拓片

刻中唯一得以流传至今的重要文物。玉笋实为一件石质文物,高190、厚16厘米,上下端较小,中间最宽处65厘米。重数百斤。石质甚坚,呈青色,光洁如玉,平放似琴瑟,竖立则如笋。石的上端阴刻"玉笋"二字,每字高约7厘米。故名玉笋。现存于湖北省博物馆,是北宋时期的遗物,为20世纪50年代初从湖北天门征集到的。

湖北省博物馆藏玉笋拓本绝大部分是易均室夫妇亲手毡拓的,全部拓本均经易均室亲自整理,每器多有易本人亲笔题写的题跋。

六、古籍文物库

1. 清乾隆活字印《朱批谕旨》

在古籍普查工作中,我们发现了一些以往未曾留意的古籍善本,如行款与已知所见各本均不相同的清乾隆活字印《朱批谕旨》。此书一百一十二册全,不分卷,清世宗胤禛批,清鄂尔泰、张廷玉等编,清乾隆年间木活字朱墨套印本。书衣题签署"朱批谕旨第×册",目录详细说明全书共分十八函,每函几册,每册有何人的奏折。框高20.7、宽15.5厘米,每半页九行,行二十四字,双行小字同,四周双边,白口,单黑鱼尾,鱼尾上记书名,下标页数并记大臣姓名。御批大、小字均朱印。此书楮墨精良,字体是典型的硬体字,刻印上乘,十分精美。放眼全篇,有墨色浓淡不均、单字偶见重影等现象,具有活字印本的明显特征。《朱批谕旨》一名《世宗宪皇帝朱批谕旨》,是康熙六十一年(1722年)十二月至雍正十三年(1735年)八月间,雍正帝对二百余名臣属奏折御批的总集,约占雍正朱批奏折总量的十分之三四。《朱批谕旨》中收录奏折的作者,大部分是地方官,也有少量是清廷派到全国各地的钦差大臣。这些人从不同角度,将各地情况上达天听,雍正帝随文做出批示,少则数字,多则千言。通过这些御批和奏折内容,可以了解当时社会的许多真实情况,而这些情况很多是《世宗实录》及其他官方史料所未记载的,为后人了解、研究清代雍正年间的各种社

北宋 玉笋石刻

清　《朱批谕旨》不分卷

会问题提供了宝贵的材料。套版印刷至明万历后盛行于世，湖州凌濛初、闵齐伋等刊印了
大量套印书籍。清代最早采用套版技术印刷的书籍为康熙二十四年（1685年）刊印的《古
文渊鉴》，有四色套印与五色套印之别。套印本并非稀见之物，但活字套印本却是凤毛麟
角，甚为罕见。张秀民先生曾提到《朱批谕旨》一书："真正的活字朱墨套印，有《朱批
谕旨》。正文为黑色外，凡批语及旁批均朱色，少数句旁有朱圈及朱直。全书360卷，120
册，开化纸印。旧或以为乾隆内府刻本，又或作雍正十年（1732年）内府活字本。案书中
记载至雍正十三年（1735年）五月而弘字又缺笔，自当为乾隆初印本。"①张秀民先生对
此书究竟是活字印本还是刻本并未做出论断。范景中先生也曾对此书做过探讨："《朱批
谕旨》三百六十卷。原书为内府刻朱墨套印本，此为木活字套印本，白纸，一百一十二
册。无书名叶和刊书牌记，不知何处所印。《增订四库简明目录标注》、《郘亭知见传本
书目》均著录有扬州摆字本、江西摆字本、金陵摆字本，可知此即其中之一。卷首为雍正
十年上谕，朱印；次为《朱批上谕》目录，注明十八函名目：每函几册，每册何人奏折
等等，墨印。正文每半叶十行，行二十一字，小字朱印，夹于行间，亦二十一字。四周
双边，版心白口，单鱼尾，鱼尾上记书名，下标叶数并记大臣姓名。御批大、小字均朱
印。"②论述无疑清晰许多。张秀民先生与范景中先生所提及的《朱批谕旨》或是同一版
本，即全三百六十卷，半页十行，行二十一字者，与内府刻朱墨套印本行款相同，而不同
于湖北省博物馆藏不分卷，半页九行，行二十四字者。《增订四库简明目录标注》《郘亭

① 张秀民、韩琦：《中国活字印刷史》，中国书籍出版社，1998年，第102页。
② 范景中：《清代活字套印本书录》，《藏书家》（珍藏版），齐鲁书社，2005年，第91页。

知见传本书目》著录有扬州摆印本、江西摆字本、金陵摆字本，或许活字印各本之间行款并不一致。此书卷首有雍正十年（1732年）"上谕"，说明了编纂旨趣，卷末附乾隆三年（1738年）"后序"，有"既告藏事"之语，故《四库全书总目提要》说此书："雍正十年奉敕校刊，乾隆三年告成。"①一般书目或著作均照此著录，而事实上"此书十年着手编纂，自翌年起次第问世，随时颁赐臣工，至雍正末年大部分当已梓行。乾隆继位后，或有一段时期停顿，否则不须延至乾隆三年始成书"，"雍正驾崩前，《朱批谕旨》已印行相当数量，其后乾隆又略添雍正末年检定者付印，就成目前刊本模样"②。是此书乾隆三年始成定本，之后翻刻、后印皆准定本内容，馆藏此本应即其中之一，年代自不会早于乾隆三年。光绪间点石斋有石印本，流布较广，但诸本内容并无出入。

2. 清道光翟金生泥活字印本《仙屏书屋初集》

再如现存于世的泥活字印本的最珍贵实物之一——清道光二十八年（1848年）翟金生泥活字印本《仙屏书屋初集》。此书对证明毕昇发明的活字印刷术以及古籍版本鉴定，都具有重要意义。毕昇发明的活字印刷术是世界印刷史上一项伟大的技术发明。北宋科学家沈括在其所著的《梦溪笔谈》中做了较为详尽的记述。如果没有毕昇的发明与实践，任凭沈括再富于想象力，也难以臆造。然而，这一伟大的发明，由于年代久远，当时的泥活字印本不见著录，也不见传本。对此，国内外学者曾提出种种怀疑和否定。国外学者将活字印刷术的发明归功于比毕昇晚四百年的德国人谷登堡。国内有的学者认为，火烧胶泥作字不合情理；有的则断言，泥不能印刷。泥活字印本《仙屏书屋初集》无疑以确凿的事实证明了毕昇泥活字印刷术的可行性。翟金生，字西园，安徽泾县人，以教书为业，家境清寒，所作诗文，无力刊行。因读《梦溪笔谈》得到启发，翟氏开始试制泥活字，在生计艰难的条件下，经过30年的不懈努力，制造出大小五种、十万余个泥活字。道光二十四年（1844年），翟氏用自造的泥活字首先试印了自己的诗稿，定名为《泥版试印初编》。由于试印的效果甚佳，翟氏在此后的十几年中，又陆续印了几部书籍，《仙屏书屋初集》就是继《泥版试印初编》之后利用泥活字排印的。《仙屏书屋初集》的作者黄爵滋是禁烟派的重要人物，翟金生的好友，撰有许多诗文。道光二十八年翟金生即以黄氏诗文印成四百部《仙屏书屋初集》。此书书名页印有两行隶书书名，书名下又印有两行行书小字"泾翟西园泥字排印"。全书共十八卷，分诗录十六卷、后录二卷。卷端题"仙屏书屋初集诗录"，题下有作者姓名，版口上题"仙屏书屋"四字，单黑鱼尾，鱼尾下有卷次和页码，半页九行，行二十一字，正文用明体字排印，注文双行，采用介于长仿宋和明体之间的小长方字排印，每行二十一字。书前有黄氏"自序"，继之为总目，总目尾列编录人和排拣人名单。此书印成之后，因讹误较多，所印四百部又很快散尽，故黄氏又于次年重新雕版印行。所以，此书有两种版本并行于世。活字本的特征在此本中体现较为明显，如边栏线的四角、行格线与边栏线接合处均有缝隙；字的横行上下错落不齐，竖行不直；字有歪斜；字的大小不尽相同；笔画粗细不匀；字画之间互不相交；墨色浓淡不一等。因为是泥

---

① （清）纪昀总纂：《四库全书总目提要》，河北人民出版社，2000年，第1502页。
② 杨启樵：《雍正帝及其密折制度研究》（增订第三版），上海古籍出版社，2003年，第193～195页。

活字印刷，所以它又具有与其他活字不同的特点，如字画的边缘不如木活字、铜活字爽利整齐，有细微的齿状；泥活字较脆，有缺笔断画的现象；经过烧结，有的字字面不平或者扭曲变形等。《仙屏书屋初集》的行世，以无可辩驳的事实证明了毕昇发明的泥活字印刷术是切实可行的历史事实，有力地批驳了一切否定毕昇泥活字的错误论调，又为我们认识和鉴别泥活字提供了实物样本，价值十分重大。

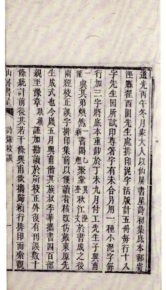

《仙屏书屋初集》十六卷后录二卷

第三节 值得研究的课题

在普查过程中，通过对各类文物的采集、登录、统计、分析、归纳、总结，从宏观或微观的角度出发，各小组从中敏锐地发现一批有研究价值的课题，现从出土文物和传世文物两部分分述如下。

一、出土文物部分

1. 早期曾国和曾国世系研究

近年来大量曾国考古材料出土，从叶家山、文峰塔到郭家庙、曹门湾，结合几十年前苏家垄和擂鼓墩的出土器物，一个涵盖了除西周中期外近700年的曾国物质文化面貌展现在人们面前，以馆藏文物为基础，结合不断推陈出新的出土材料，完全具备对曾国进行全方位、更系统、更深入研究的条件，势必将推动包括先秦礼制、金属技术、音乐考古、古文字以及各诸侯国之间的交流联系等领域的研究。

西周早期 兔纽铜盉

西周早期 兽面纹大铜圆鼎

西周早期　兽面纹分裆小铜鼎

西周早期　乳钉纹铜方鼎

西周早期　铜罍

两周之际　龙纹铜簠

两周之际 "曾子泽" 铜鼎

春秋早期 "曾仲斿父" 铜方壶

春秋早期 "曾仲斿父" 铜豆

春秋早期 "曾侯仲子斿父" 铜鼎

春秋早期　象首龙纹铜方甗

春秋早期　波曲纹铜盉

战国早期　曾侯乙铜编磬架

战国早期 铜尊缶

战国早期 金盏

战国早期 铜鹿角立鹤

唐 李泰墓石圹志盖

唐 李泰墓石圹志底

2.郧县唐代李泰家族墓研究

　　1973年，郧县砖瓦厂在取土时发现了唐濮恭王李泰墓及李泰长子嗣濮王李欣墓；1985年又在此发掘出土了李泰妃阎婉和次子李徽墓。整个墓地以李泰墓为中心，两处共出土唐宫廷器物计金狮子1件、金镯9件、金钗18件、金块11件、金条19件和许多金片、玉璧2件、玉戒面3件、银盒1件、银簪18件以及银凤冠、银托子、铜镜、挖耳勺、陶罐、陶钵、陶盆、陶瓶、陶甑、陶杯、陶盂、瓷砚、瓷四系罐、铁釜、铁锁、石盒、铜钱，还有14件侍立唐三彩俑、1件牵骆驼俑、20件仪仗骑马俑、9件马上乐队俑、16幅壁画等文物。此外，还发现李泰墓周围有长175米的围墙及近10座墓。

　　我馆先秦文物库共入藏李泰墓文物157件/套，其中金器128件/套、银器14件/套、玻璃珠7件/套、水晶3件/套、珍珠3件/套、玉2件/套，其中不乏金狮子等唐朝宫廷之艺术珍器。李泰是唐太宗第四子，长孙皇后嫡子，废太子李承乾之弟，唐高宗李治之兄，在贞观年间后期政坛极具影响力。李泰墓作为迄今为止发现的唯一一处京畿长安（今陕西西安）之外的唐朝皇室家族墓地，无论从历史价值还是艺术价值来看，都具有一定的研究意义。

唐　白釉镂空多足砚

唐　骑马仪仗男陶俑

唐　男立陶俑

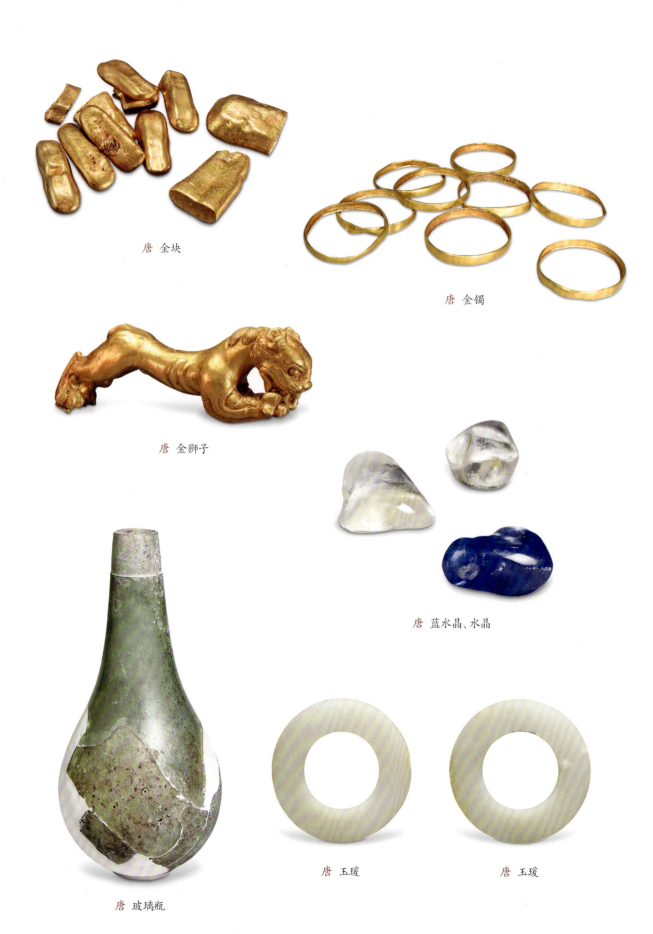

唐 金块

唐 金镯

唐 金狮子

唐 蓝水晶、水晶

唐 玻璃瓶

唐 玉瑗

唐 玉瑗

三国 青釉带盖扁壶

3. 鄂城六朝瓷器的研究

馆藏鄂州161座六朝墓出土瓷器894件。三国时期43座墓295件，西晋52座墓176件，东晋49座墓292件，南朝17座墓131件。出土许多重要的、精美的瓷器，如虎首壶、扁壶、对鸟纽盖水盂等。这些瓷器主要为长江中游江西、湖南一带的产品，少部分是长江下游江浙一带的产品。对其窑口的研究、各窑口产品特征的研究，乃至当时交通运输、贸易往来、瓷业经济的研究都很重要。

三国 青釉弹箜篌乐俑

三国 青釉鳄鱼

西晋　青釉对鸟纽盖水盂

西晋　青釉笔架式蛙形水注

西晋　青釉堆贴佛像唾盂

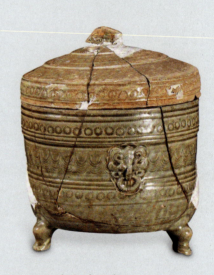

东晋　青釉带盖三足樽

晋　青釉褐彩虎首壶

4.武昌六朝、隋唐墓葬出土陶瓷器的研究

武昌六朝、隋唐墓葬多，特别是隋唐时期，有400座之多，是南方地区一批非常重要的材料。出土器物以陶瓷为主流，以江西洪州窑，湖南湘阴窑、岳州窑、长沙窑为主，长江中游产品多，长江下游产品少。武昌士族豪强墓葬多，出土器物丰富，反映了隋唐时期南北交会的武昌在当时的富庶和发展，并占有非常重要的地位。通过梳理这些材料，可以研究当时的墓葬形制、葬制葬俗、出土器物，进而研究当时武昌在政治、经济、军事等方面的发展。

三国 青釉庖鱼俑

三国 青釉长方多层槅

南朝 青釉莲花尊   唐 三彩骆驼

唐 三彩人形五足托炉

唐 灰陶拍腰鼓女俑　　　　　　　　　　唐 灰陶吹笙女俑

唐 灰陶拍板女俑　　　　　　　　　　唐 灰陶弹琵琶女俑

唐　白陶拄剑文吏俑

唐　灰陶武士俑

唐　灰陶围棋盘

唐　红陶十二辰俑（马俑）

唐　红陶十二辰俑（兔俑）

唐　红陶十二辰俑（虎俑）

唐　红陶十二辰俑（猴俑）

唐 红陶十二辰俑（龙俑）

唐 红陶十二辰俑（鸡俑）

唐 红陶十二辰俑（狗俑）

唐 红陶十二辰俑（羊俑）

唐 红陶十二辰俑（鼠俑）

唐 红陶十二辰俑（牛俑）

唐 红陶十二辰俑（猪俑）

唐 红陶十二辰俑（蛇俑）

5. 黄石西塞山珍稀钱币、窖藏银锭的研究

黄石西塞山出土数量巨大的钱币，大部分是一些常见的钱币，囊括了所有北宋皇帝年号，还包含了真、篆、隶、草等多种字体，具有很高的艺术价值，其中还有一些版式少见的珍稀钱币，如靖康元宝、淳祐元宝、大宋元宝等。同时，黄石西塞山窖藏一批银锭，有270枚之多，包括各种型号、样式、重量和铭文。这些拣选出来的珍稀钱币和窖藏的银锭，对研究当时的货币和经济具有重要的价值。结合其他地点如宜昌前坪、武昌卓刀泉、麻城阎河、随州塔儿湾、随州唐镇、江陵砖瓦厂等地出土的钱币，将有助于湖北地方经济发展乃至中国货币史的研究。

南宋　伍拾两银锭

南宋　"淳祐六年"银锭

北宋　靖康元宝　　　　南宋　淳祐元宝

南宋　大宋元宝

6. 武昌青山窑的整理研究

青山窑是武汉江夏区"湖泗窑群"中一个代表性的窑址，是湖北省经过科学发掘的第一座古代瓷窑遗址，其意义远远超过了发掘所得材料的本身。青山瓷窑的发掘，使湖北陶瓷考古的盖然性被揭开了，历史上长江上游和下游、中国南方和北方古代陶瓷生产系列在长江中游地区的断层从而得到了弥合。作为湖北省第一座经过科学发掘的瓷器窑址，仅仅发表一篇简报是远远不够的，必须将窑址出土的标本进行系统的整理，阐述青山窑瓷器的特征、工艺、销售、瓷业经济等诸方面，编著考古报告。

北宋　青白釉莲瓣卧足浅腹碗

北宋　青白釉瓜棱执壶

北宋　青白釉折腹碗

7. 蕲春明代刘娘井墓及藩王墓研究

1368～1644年，明朝大兴封藩之制，据统计明代共有藩王220余位，而湖北先后有44位藩王受封，数量仅次于河南，成为当时藩王最多的地区之一。1955年，发掘出土于蕲春的刘娘井墓就是明朝荆端王朱厚烇次妃刘氏的墓地。

我馆出土文物库共入藏刘娘井墓文物49件/套，包含金器34件/套、银器13件/套，另有人头骨1件、墓志铭1件等。其中一级文物4件，二级文物23件，三级文物8件，具有相当大的历史价值和研究价值。该墓所出金银器非常精美，是明朝宫廷文物的翘楚，主要有金饰凤冠1件、戒指4件、金簪11件、银锭4枚、法子1件、银壶2件、银锤1件、银盒2件等，具有很高的观赏价值，曾参与过"金色中国——中国古代金器大展"等具有重要影响的展览。特别是金饰凤冠，上有各种花纹并嵌有红、蓝宝石数十颗，其中双凤制作十分精致，口含小金丝，昂头翘尾做起飞状，是中国古代金饰中的精品。此外，刘娘井墓的发掘和研究，对理清明代宗藩分布、葬制，明代宗藩对当地经济、文化的影响，乃至明代礼制都具有重要意义。其他如武昌的楚昭王，荆州的辽简王、湘献王，钟祥的郢靖王、梁庄王，蕲春的荆王等，都可以做综合性的对比研究。

明 刘娘井墓金饰凤冠

明 刘娘井墓银锺

明 梁庄王墓青花缠枝莲纹梅瓶　　　　　　　元 金镶淡黄色蓝宝石帽顶

8.武穴张懋明墓出土文物研究

　　该墓出土明万历时期的瓷器、服饰以及梵文画。瓷器具有明代典型民窑风格，服饰反映当时的衣着，而梵文画以梵文书写和绘画，具有极高的宗教研究价值。考古报告仅限于发表披露材料，而对于书绘梵文画，需从墓主人生平、身世、信仰、宗教、礼仪、葬制等方面进行深入的研究。

明 青花瓷碗　　　　　　　　　　　　　　　明 青花瓷碗

明 男式白布大罩袍

明 陀罗尼经被画

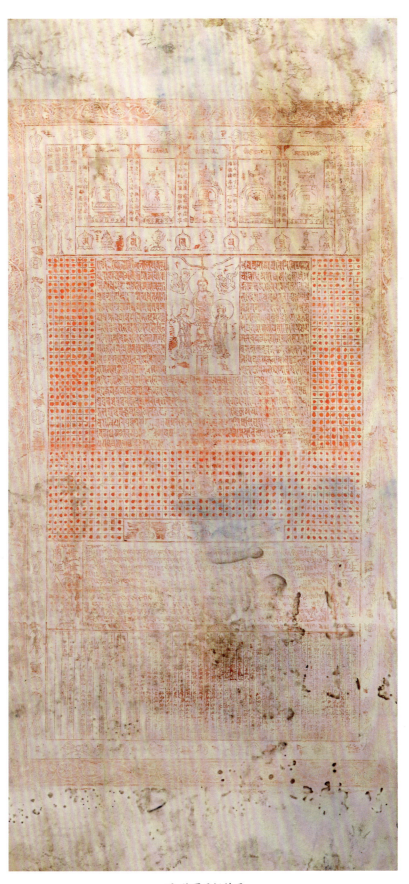

明 陀罗尼经被画

9.馆藏铜镜研究

馆藏铜镜有1000枚之多，其年代主要为战国、两汉、六朝、唐宋和明清时期。战国楚镜虽不多，但极具特色，尤其是漆绘铜镜更是稀少。六朝铜镜多集中出于鄂州等地，不仅式样多，花纹精美，而且有的有铭文，具有很高的历史、艺术和科学价值。明清时期主要是一些传世铜镜，计560余件，类型繁杂，多有吉祥寓意。将馆藏出土和传世铜镜进行系统、综合研究，包括样式、花纹、铭文、演变、铸造工艺等，以及从传世铜镜的递藏、著录、产地、摹古仿古的角度来探讨当时的审美情趣与社会风尚等，势在必行。

战国 彩绘铜方镜

战国 髹漆双层镂空镶石蟠螭纹铜镜

战国 四叶羽鳞纹铜镜

汉 柿蒂纹铭文铜镜

东汉 飞凤铜镜

东汉 荣氏神人鸟兽画像铜镜

东汉 神人鸟兽画像铜镜

东汉 四虎铜镜

东汉 仙人禽兽博局铜镜

汉 画纹带环状乳神兽铜镜

三国　鎏金画像纹神兽铜镜

唐　四鸟莲花纹铜镜

唐　松鼠海马葡萄纹铜镜

唐　兽纹铜镜

宋　仙人渡海铜镜

宋　富贵福寿铜镜

金 纪年铭文铜镜

元 准提铜镜

明 "丙子年记"铜镜

明末清初 缠枝莲花铜镜

清 "五蝠双喜"吉祥带柄铜镜

清 "薛仰峰造"铜镜

二、传世文物部分

1. 杨守敬旧藏木刻地图版研究

杨守敬旧藏木刻地图版计2639块，分别为《历代舆地图》《水经注图》《大清一统舆地图》《皇朝舆地图》《大清舆地图》，其中《历代舆地图》包括《历代舆地沿革险要图》《春秋列国图》《战国疆域图》《嬴秦郡县图》《前汉地理图》《续汉郡国图》《三国疆域图》《西晋地理图》《东晋疆域图》《二赵疆域图》《四燕疆域图》《三秦疆域图》《五凉疆域图》《后蜀、夏疆域图》《刘宋州郡图》《南齐州郡图》《萧梁疆域图》《陈疆域图》《北魏地形志图》《北齐疆域图》《西魏疆域图》《北周疆域图》《隋地理志图》《唐地理志图》《后梁并十国图》《后唐并七国图》《后晋并七国图》《后汉并六国图》《后周并七国图》《宋地理志图》《辽地理志图》《金地理志图》《元地理志图》《明地理志图》等34图。

杨守敬（1839～1915年），湖北宜都人，字鹏云，号惺吾（又作星吾），晚年自号邻苏老人，是清末民初著名的舆地学家、金石学家、藏书家、书法家，著作甚多。这批雕版系杨守敬后人捐赠。1963年10月21日由杨守敬孙辈杨树千、杨先梅捐献给湖北省文史馆。1971年8月7日又由湖北省文史馆拨交给湖北省博物馆。1994年5月16日，由国家文物鉴定组鉴定为"一级乙"文物，具有重要的文物价值。

当前，学界对《历代舆地图》《水经注图》的研究，主要侧重于其版本以及内容，对其成书过程、刻工、印刷方式、递藏等着力较少，可以整合资源对其进行综合深入的探讨。

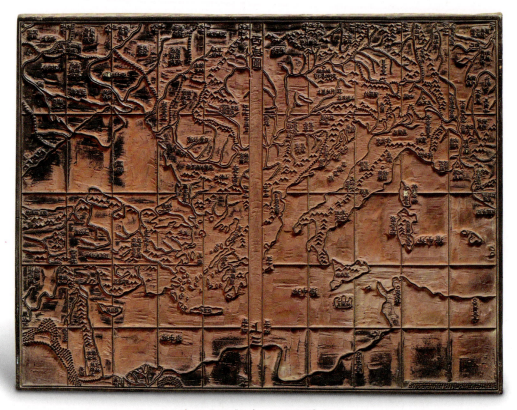

清 杨守敬《大清一统舆地图》木版

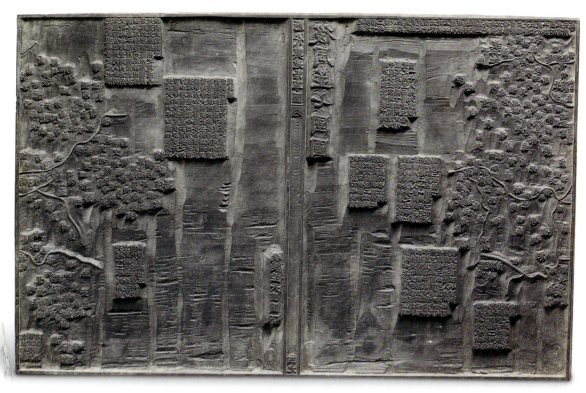

清　杨守敬《历代舆地图》木版

清　杨守敬《大清舆地图》木版

清 杨守敬《皇朝舆地图》木版

清 杨守敬《水经注图》木版

2. 馆藏玺印研究

计800多件，主要可分为汉代铜印、元至民国时期官印、近现代印章三部分。

一是汉代铜印。主要来源于旧藏和中南文化部拨交，计280余件。汉铜官印有"别部司马""假司马印""军假司马""军司马印""部曲督印""军曲侯印""部曲将印""关内侯印"等，汉铜私印有"赵婴光""侯乐""赵胜之""杨戎私印""孙更生""马当时""张定""张当时""董则印""臣遂""臣禹"等。纽制有龟纽、环纽、鼻纽、瓦纽、桥纽等。

汉　"部曲督印"铜印

汉　"关内侯印"铜印

汉魏　"魏霸"铜印

汉魏　"前军司马"铜印

　　二是元至民国时期官印。主要来源于旧藏和出土，计10余件。有元管军上百户之印、元管军下百户之印、明嵩县守禦千户所百户印、明安定荆襄郧阳兵科关防、民国山东淮县地方法院登记处印、民国河南项城县司法处印等。

　　三是近现代印章。主要来源于省文史馆、省民主人士学习班、武汉市文管会以及个人捐赠等，计520余件。主要篆刻人有唐醉石、王福厂、钟矞申、李尹桑、方介堪、赵仲穆、陆孟甫、徐星洲、盛鲁、汪印农、杨白匋、曹立庵、童大年、王桁雨等。

　　这些印章尚未进行过系统的整理研究，也未曾完整对外披布。尤其是近现代印章，来源明确，名家众多，不失为一批重要的新材料，对研究近现代篆刻艺术史、印学流派、印人交游等都有重要价值。

近现代 唐醉石刻"徐恕审释金石文字记"方形双狮钮石印

近现代 唐醉石刻"披览诗雅"长方形蝉钮石印

近现代 唐醉石刻"徐恕读过"长方形瓦钮牙印

近现代 唐醉石刻"合南北手为唐型"方形石印

3.馆藏碑帖的整理研究

　　馆藏碑帖文物11120件/套，数量大，拓本年代自宋至元明清民国时期，内容庞杂。其中，不乏一些名人名家题跋的珍贵拓片，保存了珍贵的历史信息，可分门别类地对其内容、形制、功能、传流等方面进行综合性的深入研究。

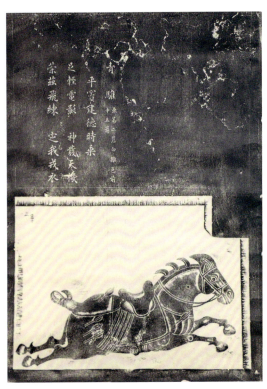

清　骏马拓片轴

清拓　唐王仲堪墓志

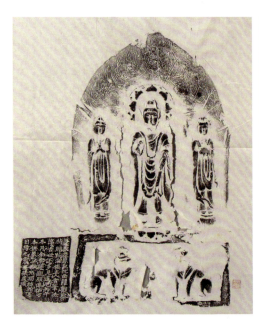

清拓 魏程荣造佛像记

清拓 孝经残字

清拓 石刻造像

4.馆藏邮票的整理研究

馆藏邮票文物84799件/套，均是中华人民共和国成立前的邮票，流传有序。时代自清末至民国时期，以民国为主。有各个方面的题材，内容丰富，可分门别类多角度地进行深入研究，以探讨当时中国邮政发展史以及各行业各领域的发展。

清 赭黄蟠龙1分邮票　　　清 赭黄蟠龙1分加盖红字　　　清 深绿蟠龙2分邮票（新票）
　　　　　　　　　　　　　　"中华民国"邮票

清 蓝绿蟠龙3分加盖红字　　中华民国 红新生活运动　　中华民国 黑、蓝绿飞机长城1角5分邮票
"大国字"中华民国邮票　　　纪念1圆邮票

中华民国 橘黄飞机长城2角5分航空邮票

5. 古琴研究

　　古琴计10件，时间上涵盖了元至民国时期。10件古琴有元"玉泉"款仲尼式琴、明"西麓"款仲尼式琴、明"龙门风雨"款仲尼式琴、明仲尼式琴、清"归凤"款蕉叶式琴、清雍正年款仲尼式琴、清光绪"无静"款仲尼式琴、清道光"□云"款凤式琴、清仲尼式琴、民国仲尼式琴。这批古琴藏品虽然数量不多，但是有较高的历史、艺术和科学价值，有必要对其形制、题铭、递藏、工艺等方面进行深入研究。

元　"玉泉"款仲尼式琴

明　"西麓"款仲尼式琴

清　"无静"款仲尼式琴

6.甲骨研究

湖北省博物馆旧藏甲骨计110余件，目前已申报国家语委科研项目，并获立项，正在开展整理工作。拟从以下几个方面着手：一是公布馆藏甲骨正、反面高清彩色照片，出版图录；二是吸收古文字学界最新考释成果，对该批甲骨进行释读；三是结合甲骨钻凿形态，进行考古学研究。

商　甲骨文片

商　甲骨文片

商　甲骨文片

7.辛亥革命及民国文物的研究

湖北省博物馆藏有大量辛亥革命时期文物，一直以来都是研究该历史时期的"重镇"。以前编辑出版过多套辛亥革命研究的文献资料，但多为汇编，尚需全方位更深入的研究，收藏和研究并重，方能匹配。

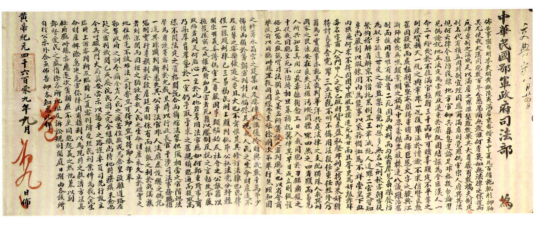

中华民国　鄂军政府司法部布告

中华民国　黎元洪赠武汉纪念章

中华民国　曹锟就任纪念章

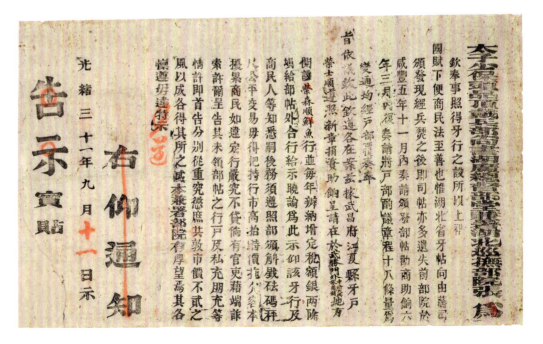

清　湖广总督部堂兼署湖北巡抚张之洞关于荣森顺鱼行设并晓谕遵章经营告示

1900年　张之洞电文石碑

1983年　辛亥老人喻育之行书"楚天极目"

8.红色文物的研究

湖北省博物馆藏有大量珍贵的革命时期文物，包括土地革命时期、抗日战争时期、解放战争时期等，还有与重要历史事件、重要人物相关的文物和资料，如指点江山的国家元首董必武、李先念，救国救民的革命先烈施洋、陈潭秋、恽代英、林育南、项英等，领兵征战的军旅名将徐海东、王树声等。

抗日战争时期 《七七报》报社使用过的石印版

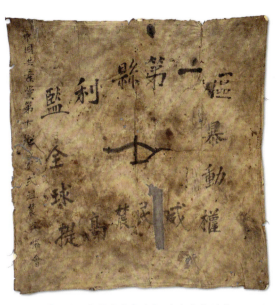

第二次国内革命战争时期 湖北省监利县
农民运动旗帜

土地革命时期 红军盖飞机用过的油布

1955年 郭天民将军一级八一勋章、独立自由勋章、解放勋章

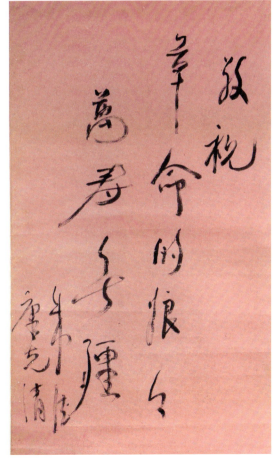

第三次国内革命战争时期 朱德、康克清联名给革命
母亲夏娘娘八十大寿的题词："敬祝革命的娘娘万
寿无疆"

1956年　胡风手稿

中华民国　咸宁军舰铜钟

中华民国　张坤山收条

后　记

关于此次普查的几点认识。

（1）非常感谢湖北省文物局和湖北省博物馆各位领导对这次普查工作的重视与全力支持，非常感谢奋战在一线的普查员们这几年来的艰辛付出，非常感谢我馆及高校志愿者在这次文物普查中的无私奉献。尽管过程困难重重，但我们能参与到这一全国性的规模浩大的文物普查工程中来，还是感到无比自豪的。特别是通过大家的努力，终于摸清了馆藏文物的家底，建立了完善的藏品数据库，为各项工作打下了坚实的基础，这无疑是非常有成就感的。同时，在此需要说明的是，文物普查后，各小组通过对库房文物的进一步整理，以及每年有新征集文物入馆，造成与普查时数据略有出入。

（2）在普查过程中，我们发现有些文物亟须得到保护、修复。譬如，出土文物库的丝织品，传世文物库中杨守敬藏书版、古琴等，保存状况并不理想。书画文物库虽然有恒温恒湿设备，但维护工作还不到位，设备经常出现故障，不利于书画的保存。再譬如古籍文物库，温湿度设备不完善，书页老化情况比较严重，部分有发霉、虫蛀等现象，必然会影响古籍的寿命。这些都是我们要引起重视并加以解决的。

（3）在此次文物普查工作中，还有一部分文物未定级，省博物馆如此，下面市县级博物馆由于专业人才和鉴定人才的缺乏更是如此，这是一个普遍现象。因此，省级文物行政管理部门要定期组织专家组到各地巡回进行文物鉴定、定级工作，将此变成一项经常性的工作，而不是有任务时才临时地、突击性地开展此项工作。

（4）需要加强有关人才的培养。文物鉴定人才缺乏是我们的一个薄弱环节。有些类别的文物鉴定人员只有一个人独力支撑，青黄不接，后继乏人，有些类别的文物甚至没有鉴定人员，只有请外面的专家，工作不好开展。又譬如，古籍工作专业性极强，就全国来看，从事古籍工作的高端专业人才非常稀少，整个行业面临较为严峻的人才短缺问题。干古籍工作需要坐长时间的"冷板凳"，长期以来处于边缘化的地位，往往不被大众了解、重视。对于博物馆来说，"藏"好古籍是基础，"用"好古籍是目的，"藏"与"用"的关键都在"人"。目前湖北省博物馆古籍从业人员存在"先天发育不足"的问题，无论是整理还是研究，古籍从业人员在工作中常常有"力不从心"的感觉。因此，我们肩上的担子是非常重的，人才的培养更是迫切的。

（5）保管部文物普查工作极其繁重，而且要承担与以前一样的日常工作，如遇到展览文物点交、文物修复、媒体拍摄、科研机构交流学习等，工作量成倍增加。文物普查占用了工作人员大量的精力、时间，但在职称晋升上却没有得到相应的倾斜，在看似公平的竞争机制下隐藏的却是付出与得到的不相称、不公平。评定职称，不能光看写了几篇论文，而不注重工作业绩，二者应该并重，不可偏废。

（6）关于文物普查信息资源的再利用。第一次全国可移动文物普查历时5年，是一项全国文博界的总动员，后续我们应该更进一步地利用普查成果，丰富藏品信息，开展联合研究，共同策划展览，提高文物的利用率。与各行业各系统合作，积极探索、创新、开发文物资源共享途径，发挥其在传承中华优秀传统文化、培育社会主义核心价值观方面的独特作用，让文物真正活起来。

编　者

2019年10月